Informatik im Fokus

Herausgeber:
Prof. Dr. O. P. Günther
Prof. Dr. W. Karl
Prof. Dr. R. Lienhart
Prof. Dr. K. Zeppenfeld

Informatik im Fokus

Weitere Titel der Reihe Informatik im Fokus:
http://www.springer.com/series/7871

Marcus Tönnis

Augmented Reality

Einblicke in die Erweiterte Realität

 Springer

Marcus Tönnis
TU München
Institut für Informatik (I-16)
Boltzmannstrasse 3
85748 Garching b. München
Deutschland
toennis@in.tum.de

Herausgeber
Prof. Dr. O. P. Günther
Humboldt-Universität zu Berlin

Prof. Dr. R. Lienhart
Universität Augsburg

Prof. Dr. W. Karl
Universität Karlsruhe (TH)

Prof. Dr. K. Zeppenfeld
Hochschule Hamm-Lippstadt

ISSN 1865-4452   e-ISSN 1865-4460
ISBN 978-3-642-14178-2   e-ISBN 978-3-642-14179-9
DOI 10.1007/978-3-642-14179-9
Springer Heidelberg Dordrecht London New York

Die Deutsche Nationalbibliothek verzeichnet diese Publikation in der Deutschen
Nationalbibliografie; detaillierte bibliografische Daten sind im Internet über
http://dnb.d-nb.de abrufbar.

Einbandentwurf: KuenkelLopka GmbH

Gedruckt auf säurefreiem Papier

Springer ist Teil der Fachverlagsgruppe Springer Science+Business Media (www.springer.com)

Vorwort

Erweiterte Realität (oder „Augmented Reality", AR) stellt eine logische Weiterentwicklung der Virtuellen Realität (VR) dar. Im Gegensatz zur VR wird in der AR die den Benutzer umgebende tatsächliche Realität durch dreidimensionale virtuelle Elemente erweitert. Diese betten sich nahtlos in die Umgebung ein und stellen neue Gegenstände dar oder geben, im direkten räumlichen Bezug, weitere Informationen zu existierenden Objekten. Die breite Masse kann AR momentan allerdings höchstens in Sportsendungen erleben, wenn z.B. im Fußball Entfernungslinien zum Abseits eingeblendet werden.

Erste AR-Anwendungen können allerdings selbst mit geringer Programmiererfahrung erstellt werden. Genau hier platziert sich auch dieses Buch. Mit seinem Umfang kann es selbstverständlich niemals alle Möglichkeiten, Probleme und Lösungen der AR umfassen, vielmehr soll es eine Fibel darstellen, die aufzeigt, wie erste Probleme bei der Einbettung virtueller Objekte in der Realität gemeistert werden. Das im Zuge dieses Buches entwickelte System stellt kein vollkommenes AR-System dar. Hierzu wären z.B. Datenbrillen und andere Sensorsysteme notwendig, die aber schnell größere Kosten erreichen. Beispiele aus Anwendungen der AR zeigen aber, dass das hier gegebene Handwerkszeug die essenzielle Basis für jede Art von AR-Systemen ist. Je nach weitergehendem Interesse erlauben im Buch angegebene Referenzen dann das Vertiefen in einzelne Bereiche.

An dieser Stelle möchte ich mich auch bei den Personen bedanken, die zum Entstehen dieses Buches beigetragen haben. Der Dank geht an Herrn Heine, der überhaupt die Idee eines Buches dieser Art aufbrachte. Hervorheben möchte ich auch die wertvolle Zusammenarbeit mit den Mitarbeitern des Springer Verlages. Spezieller Dank geht an Manuel Huber, der mir mit wirklich großem Einsatz unter die Arme gegriffen hat, damit ich dieses Buch und besonders die Übungen umsetzen konnte! Ohne Professor Gudrun Klinker, Ph.D. hätte dieses Buch auch nicht entstehen können. Als Mentor meiner Doktorarbeit hat sie mich in das Thema Augmented Reality eingeführt und mir viele wertvolle Erfahrungen mitgegeben. Schließlich danke ich meinen Kollegen und Freunden, die mich viele Stunden entbehren mussten, weil ich unzählige Abende hinter meinem Schreibtisch verbracht habe.

Ich wünsche allen Lesern viel Spaß beim Lesen und beim Ausprobieren der einzelnen Übungen. Sein eigenes AR-System wachsen zu sehen, neue Probleme zu erkennen und diese dann zu lösen, ist eine ganz besondere Erfahrung, die nicht nur zwischen Bits und Bytes, sondern auch in der realen Welt liegt!

München, im April 2010
Marcus Tönnis

Inhaltsverzeichnis

1

Einführung in die Augmented Reality

Wem zum ersten Mal der Begriff Erweiterte Realität (Augmented Reality, AR) und die zugehörigen Prinzipien erklärt werden, antwortet meistens folgendermaßen: „Das gibt es doch schon in den Kinofilmen, die im Computer nachbearbeitet werden". Der Vergleich zu Kinofilmen ist allerdings nur teilweise richtig. Um die Unterschiede genauer zu erklären, beginnt dieses Buch mit der Aufschlüsselung der grundlegenden Paradigmen der Augmented Reality. Die nachfolgenden Kapitel beziehen schrittweise einzelne Technologien und Komponenten von AR-Systemen ein und entwickeln dann ein exemplarisches AR-System.

1.1 Paradigmen der Augmented Reality

Das am häufigsten verwendete Paradigma, das AR definiert, wurde 1997 von Ron Azuma [3] aufgestellt. Azuma definiert folgende Charakteristika: Wie auch bei Kinofilmen wird die *Realität mit der Virtualität kombiniert*. Im Kinofilm allerdings basiert dies auf einem zuvor aufgezeichneten

M. Tönnis, *Augmented Reality*, Informatik im Fokus,
DOI 10.1007/978-3-642-14179-9_1,
© Springer-Verlag Berlin Heidelberg 2010

Video. In der AR wird ein Live-Videobild verwendet. Die eingefügten Gegenstände oder Charaktere sind in *3D registriert*. Diese Überlagerung muss in *Echtzeit* erfolgen. Das steht im Gegensatz zur Nachbearbeitung von Filmen. Dort steht zur Bearbeitung jedes einzelnen Bildes ein größerer Zeitraum zur Verfügung, um das Bild korrekt zu überlagern. Bei AR muss die Erzeugung des computergenerierten, perspektivisch korrekten Bildes in einem Zeitraum erfolgen, der geringer ist als der zeitliche Abstand zum nächsten Bild. Schließlich ist AR im Allgemeinen *interaktiv*, Nutzer können mit den zusätzlich eingefügten Objekten interagieren.

Desweiteren wurde von Milgram und Kishino [41] ein Kontinuum zwischen Realität und Virtualität definiert. An einem Ende des Kontinuums steht die *vollkommene Realität*, am anderen Ende die vollkommene Virtualität. In der vollkommenen Virtualität hält sich der Benutzer in einer *vollständig modellierten virtuellen Welt*, z.B. in einer CAVE [15], auf. Der Bereich dazwischen, die sog. *Mixed Reality*, ist charakterisiert durch den Grad der Virtualität. Die AR liegt näher bei der Realität, nur einzelne virtuelle Objekte werden in die reale Umgebung eingebettet. In Richtung zur Virtualität findet der Begriff *Augmented Virtuality* Verwendung. Hier ist die umgebende Welt überwiegend virtuell, nur einzelne Elemente entstammen der realen Welt oder Umgebung.

Zusätzlich sollte hier der Begriff *Ubiquitous Computing* nach Weiser [69] erwähnt werden, der später genauere Betrachtung finden wird. Weiser hat eine Welt skizziert, in der nicht mehr einzelne monolithische Computersysteme von Menschen bedient und genutzt werden, sondern stattdessen viele kleine Einheiten miteinander vernetzt sind. Jeder Gegenstand in dieser Welt ist mit Sensoren oder Aktuatoren ausgestattet, die miteinander kommunizieren können. Das ermöglicht eine neue Form von Interaktion. Der Benutzer kann überall auf die vorhandene Infrastruktur zugreifen und sie nutzen. Interessant wird dies für AR durch den Bedarf nach Sensoren zur genauen Positionsbestimmung in weitläufigen Anwendungen. Da viele verschiedene Sensoren, auch solche für die Positionsbestimmung des Nutzers, vorhanden sind, kann die Position des Benutzers auch über weite Strecken von verschiedenen Sensoren aufgenommen und an das AR-System weitergeleitet werden.

1.2 Geschichte

1965, fünf Jahre vor der Entwicklung des Personal Computers, postulierte Ivan Sutherland unter dem Titel *The Ultimate Display* [57], dass „Fortschritte in der Computertechnik es eventuell möglich machen können, die menschlichen Sinne mit virtuellen Erfahrungen zu überzeugen". Anschließend entwarf und entwickelte er ein Display, das dem Nutzer das immersive Erfahren einer computergenerierten virtuellen 3D Welt ermöglicht. Bis 1968 entstand so das wohl erste Head-Mounted Display (HMD). Es war damals noch so schwer, dass es an der Decke des Raumes befestigt werden musste.

Diese Entwicklung kann als die Geburtsstunde der AR angesehen werden. Ein Display stand zur Verfügung, das dem Benutzer ermöglicht, abhängig zu seiner eigenen Position im Raum platzierte 3-D-Computergrafik aus seiner eigenen Perspektive zu betrachten. Über die Jahre entwickelte sich zunächst die Forschung im Bereich der Virtuellen Realität. Als logische Konsequenz sollte die reale Umwelt mit virtuellen Elementen angereichert werden können, die Erweiterte Realität entstand.

In den späten neunziger Jahren des 20. Jahrhunderts verstärkte die Forschung ihre Bemühungen um die AR. In

Japan wurde ein mehrjähriges Projekt zum Thema der Mixed Reality gestartet, in dem unter anderem zwei Symposien (International Symposium on Mixed Reality, ISMR) abgehalten wurden. Ungefähr zur selben Zeit wurde in den Vereinigten Staaten ein Workshop zum Thema Augmented Reality (IEEE Workshop on Augmented Reality, IWAR) ins Leben gerufen. Durch starke Beteiligung von europäischer, vor allem von deutscher Seite, fanden die jährlichen Konferenzen auch in Deutschland statt. Unter anderem sei hier das ARVIKA Projekt [1] zu nennen. Aus dem Workshop entwickelte sich ein Symposium, die ISAR. In Anlehnung an den Namen ISAR fand das Symposium zum ersten Mal im Jahr 2000 in München an der Isar statt. 2002 erfolgte der Zusammenschluss der beiden bisher getrennten Communities. So entstand das *International Symposium on Mixed and Augmented Reality* (ISMAR), welches seit 2002 jährlich abwechselnd auf einem der drei ursprünglich beteiligten Kontinente stattfindet. Informationen über alle Konferenzen [30] sind im Internet[1] verfügbar. Die Tagungsbände sind Quellen zahlreicher in diesem Buch genannter Referenzen.

1.3 Komponenten von AR-Systemen

Zu Realisierung von AR-Systemen werden verschiedene Komponenten benötigt, die sich in drei Bereiche einteilen lassen: *Darstellung, Tracking* und *Interaktion.*

Um virtuelle Objekte darzustellen, wird Software zur Erzeugung von 3-D-Computergrafik benötigt. Diese Grafik wird auf einem geeigneten Display angezeigt. Displays können Computerbrillen sein, konventionelle Monitore oder Videoprojektionswände, die allesamt als Fenster in die erweiterte Welt dienen. Zur Erzeugung von 3-D-Computergrafik

---

[1] ISMAR Konferenzen: `http://www.ismar-conf.org/`

gibt es eine Vielzahl von 3-D-Rendering-Bibliotheken, die meist auf OpenGL oder DirectX basieren. Kapitel 2 vertieft dieses Thema. Es enthält eine Übung, die illustriert, wie 3-D-Objekte in realen, aber noch statischen, Szenen korrekt mit virtuellen 3-D-Objekten überlagert werden.

Nun ist keine Szenerie statisch – der Betrachter und andere Objekte können sich bewegen. In Kapitel 3 werden deshalb Prinzipien und Technologien des Trackings erläutert und grundlegende Methoden gezeigt, die notwendig sind, um Trackingsysteme für AR zu verwenden. Wahrnehmungsprobleme, die in Zusammenhang mit der Überlagerung der Realität auftreten, werden angesprochen und diskutiert. Die zugehörige Übung integriert ein allgemein verfügbares Trackingsystem in das zuvor verwendete Darstellungssystem. Als Ergebnis können dynamische Szenen mit AR überlagert werden, der Nutzer kann mit einer Webcam den Blickwinkel auf Szenen verändern und überlagerte Objekte in der Szene verschieben.

Anschließend werden weitere Möglichkeiten für Eingabe und Interaktion in Kapitel 4 vorgestellt. Nach einem Überblick über Prinzipen der Interaktion entwickelt die zugehörige Übung eine Anwendung, die den Benutzer mit einer Teekanne Tee in eine Tasse einschenken lässt.

Im weiteren Verlauf des Buches werden verschiedene existierende AR-Anwendungen vorgestellt, die einen Überblick über die Möglichkeiten geben, die durch AR geschaffen werden. Das Kapitel soll inspirieren und neue Ideen für eigene Anwendungen geben.

Das Buch schließt mit einem Ausblick, der unter anderem auf das Konzept der Ubiquitären Erweiterten Realität eingeht. Dabei wird angesprochen, wie in mobilen Anwendungen unterschiedliche Trackingsysteme verbunden werden können, um weitläufige AR zu ermöglichen.

1.4 Empfohlene Voraussetzungen

Zum Verständnis der in diesem Buch beschriebenen mathematischen Hintergründe sollten Kenntnisse in Linearer Algebra und Analytischer Geometrie vorhanden sein. Ein allgemeines Verständnis im Umgang mit Vektoren und Matrizen ist empfehlenswert.

Die technische Umsetzung in diesem Buch basiert auf OpenGL. Um die Übungen selbst zu bearbeiten, muss in C/C++ programmiert werden. Der Leser sollte das Programmieren in dieser Sprache beherrschen und Sourcecode selbstständig kompilieren können. Benötigt werden dazu die Bibliotheken zu OpenGL und Glut. Falls diese nicht vorhanden sind, können sie kostenfrei aus dem Internet heruntergeladen werden.

Um die Übungen zu realisieren, wird zusätzlich eine Webcam benötigt. Themen, die über den Stoff der Übungen hinausgehen, benötigen oft weitere Soft- und Hardware. Falls dem so ist, wird in Fußnoten, wenn möglich, auf Open Source-Implementierungen verwiesen.

2

Darstellung virtueller Objekte

Dieses Kapitel behandelt die zwei für die Darstellung von virtuellen Objekten notwendigen Hauptelemente, die softwaretechnischen Grundlagen für den Umgang mit räumlichen Strukturen und die Hardware, auf der die Ausgaben dargestellt werden. Zunächst einmal werden fundamentale Grundlagen der Computergrafik vorgestellt, anschließend werden weiterführende Konzepte wie Szenengraphen angesprochen. Aufbauend auf der Erstellung von 3-D-Objekten werden verschiedene Anzeigesysteme und -displays vorgestellt. Daran anschließend vertieft eine Übung den bearbeiteten Stoff. Dabei wird der Monitor des eigenen Rechners zu einem AR-Display gemacht. Die Übung überlagert ein statisches Bild mit einer AR-Darstellung. Das Kapitel schließt mit einem Überblick über nicht-visuelle Anzeigen, wobei vor allem auf akustische und haptische Anzeigen eingegangen wird.

M. Tönnis, *Augmented Reality*, Informatik im Fokus,
DOI 10.1007/978-3-642-14179-9_2,
© Springer-Verlag Berlin Heidelberg 2010

2.1 3-D-Rendering

Renderingsysteme beschreiben einen 3-D-Raum, der durch eine Projektion auf einen zweidimensionalen Bildschirm übertragen wird. Diese Aufgabe übernimmt eine *virtuelle Kamera*.

2.1.1 Virtuelle Kamera

Eine virtuelle Kamera wird durch eine räumliche Transformation, die ihren Ort und ihre Lage (extrinsische Kameraparameter) im Raum bestimmt, und durch ihre Abbildungseigenschaften (intrinsische Kameraparameter) beschrieben.

Dieser Abschnitt vertieft zunächst die intrinsischen Kameraparameter. Die Kamera bleibt dabei am Ursprung des Koordinatensystems, wir betrachten ausschließlich, wie der gezeigte Raum abgebildet wird. Abbildungseigenschaften können orthogonale (parallele) Projektionen oder perspektivische Projektionen auf die 2-D-Bildebene sein. Für AR ist vorwiegend die perspektivische Abbildung von Interesse. Bei der perspektivischen Abbildung treffen sich alle Strahlen von Punkten im Raum in einem Punkt, der Lochkamera (pinhole camera). Eine virtuelle Lochkamera hat keine Verzerrungen, wie sie üblicherweise bei echten Kameras durch die Optik entstehen.

Da das Sichtfeld einer virtuellen Kamera auf einen rechteckigen Bereich auf dem Bildschirm projiziert werden soll, gleicht der Sichtbereich einer Pyramide, an deren Spitze die Lochkamera liegt. Abbildung 2.1 zeigt die pyramidenartige Form des Sichtbereiches mit Standort der Kamera am Ursprung. Üblicherweise blickt die Kamera in vielen Renderingsystemen, auch in OpenGL, entlang der negativen Z-Achse.

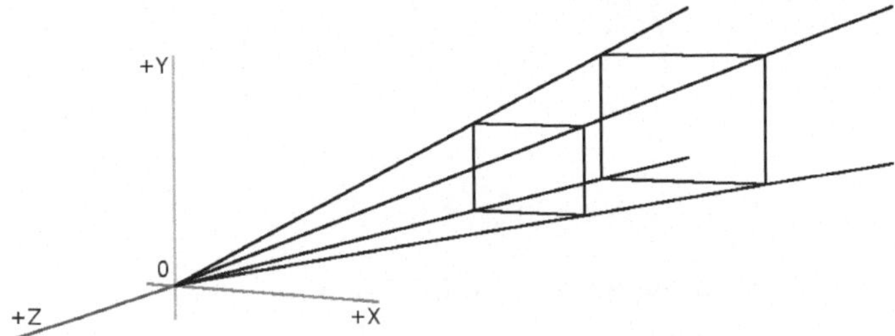

Abb. 2.1. Darstellung des Sichtbereiches und des *Frustums* einer Kamera, die am Ursprung eines Koordiantensystemes platziert ist

In der Computergrafik wird der pyramidenförmige Sichtbereich meist zusätzlich eingeschränkt. Alle Objekte, die näher als die sog. *near clipping plane* oder weiter weg als die *far clipping plane* liegen, werden nicht dargestellt, diese Ebenen beschneiden (Engl. clip) den Darstellungsraum. Dies hat einerseits Vorteile in der Performanz, weit entfernte Objekte sind nicht sichtbar und würden unnötigen Rechenaufwand erzeugen. Andererseits kann durch die Einschränkung der Darstellungstiefe die Genauigkeit der Tiefendarstellung beeinflusst werden. Je kleiner der Abstand der beiden clipping planes, desto höher auflösend ist die Tiefendarstellung. Wie Abb. 2.1 zeigt, wird der Sichtbereich damit zu einem Pyramidenstumpf, dem Frustum.

Darstellen lässt sich die Projektion dieses 3-D-Bereiches mittels einer sog. *Projektionsmatrix*. Die Projektionsmatrix zur Darstellung eines Frustums ist

$$\begin{pmatrix} \frac{2n}{r-l} & 0 & \frac{r+l}{r-l} & 0 \\ 0 & \frac{2n}{t-b} & \frac{t+b}{t-b} & 0 \\ 0 & 0 & -\frac{f+n}{f-n} & -\frac{2fn}{f-n} \\ 0 & 0 & -1 & 0 \end{pmatrix}$$

wobei

n, f Abstand zu near and far clipping plane (beide positiv)

l, r X-Koordinate der linken bzw. rechten vertikalen Kante der near clipping plane

b, t Y-Koordinate der unteren bzw. oberen horizontalen Kante der near clipping plane

sind.

Die Blickachse eines Frustums liegt parallel zur Z-Achse. Ist das Frustum symmetrisch um diese Achse, werden die beiden oberen Einträge in der dritten Spalte zu 0. Gesetzt wird ein perspektivisches Frustum in OpenGL durch die Funktionsaufrufe

```
glMatrixMode(GL_PROJECTION);
glLoadIdentity();
glFrustum(left, right, bottom, top, zNear,
    zFar : glDouble)}.
glMatrixMode(GL_MODELVIEW);
```

Der erste Funktionsaufruf gibt an, dass alle weiteren Operationen mit Matrizen auf die Projektionsmatrix ausgeführt werden. Im nächsten Funktionsaufruf wird die Einheitsmatrix gesetzt. Der Aufruf von **glFrustum** setzt die Projektionsparameter entsprechend der übergebenen Werte. Abschließend wird die zu bearbeitende Matrix auf die Model-View Matrix zurückgestellt. Mit der Model-View-

Matrix befassen wir uns im nächsten Abschnitt, der Transformationen im 3-D-Raum behandelt.

AR-Systeme überlagern ein echtes Bild mit computergenerierten Objekten. Das echte Bild kommt von einer Videokamera oder vom Blick durch ein Head-Mounted Display (lichtdurchlässige Computerbrille, in die ein Display eingespiegelt wird, vgl. Abschnitt 2.2.1). Der Sichtbereich des Computerbildes, das Frustum, muss an den entsprechenden, realen Sichtbereich angepasst werden. Beide Sichtbereiche müssen die gleichen intrinsischen Parameter haben. Ist das nicht der Fall, werden die virtuellen Objekte falsch dargestellt. Ist der virtuelle Blickwinkel größer als der reale, erscheint das virtuelle Objekt kleiner als es in der Realität ist. Dieser Effekt erfolgt durch das Einpassen des Bildes auf das Display. Dadurch entsteht ein seitlicher Versatz je weiter das virtuelle Objekt am Rand des Displays liegt.

Sind die Kameraparameter bekannt, kann das Frustum errechnet und wie oben angegeben gesetzt werden. Liegen die Parameter des Frustums vor, kann ein anderer Weg den Aufwand, Parameter umzurechnen, ersparen. Die Funktion

```
gluPerspective(GLdouble fovY, GLdouble
        aspect, GLdouble near, GLdouble far);
```

mit

$fovY$ FOV = Field of View, der *vertikale* Öffnungswinkel der Kamera in Grad

$aspect$ Seitenverhältnis des Displays (aspect ratio) = $width/height$

$near, far$ Distanz zu near und far clipping plane

ermöglicht das direkte Setzen der richtigen Perspektive.

Wird eine gute optische Kamera in der AR-Anwendung verwendet, können die Parameter auch direkt in eine Projektionsmatrix übertragen werden:

$$\begin{pmatrix} \eta/a & 0 & 0 & 0 \\ 0 & \eta & 0 & 0 \\ 0 & 0 & -\frac{f+n}{f-n} & -\frac{2fn}{f-n} \\ 0 & 0 & -1 & 0 \end{pmatrix}$$

mit

$\eta = 1/tan(FOV_y/2)$, FOV = Field of View, FOV_y = vertikaler Öffnungswinkel der Kamera; oder $\eta = 2b_K/h$ wobei b_K die Brennweite der echten Kamera und h die Höhe des Bildsensors ist; $FOV_y = 2arctan(h/(2b_K))$

a Seitenverhältnis der Kamera (aspect ratio) = $width/height$ und des Displays

n, f Distanz zu near und far clipping plane

Diese Projektionsmatrix kann direkt in OpenGL gesetzt werden. Ebenso wie beim Setzen des Frustums stellt man die zu bearbeitende Matrix auf die Projektionsmatrix. Anschließend wird die Matrix geladen und schließlich wird wieder auf die Model-View Matrix zurückgestellt.

```
glMatrixMode(GL_PROJECTION);
glLoadMatrixd(const GLdouble *m);
glMatrixMode(GL_MODELVIEW);
```

Üblicherweise werden die intrinsischen Kameraparameter über eine Kamerakalibrierung (vgl. Abschnitt 3.2.1) ermittelt.

An dieser Stelle muss angemerkt werden, dass verschiedene Darstellungen in C/C++ verwendet werden können, um Matrizen zu deklarieren. Eine Matrix, die als m[4][4] deklariert und belegt ist, hat das Element m[i][j] in der i-ten Spalte und j-ten Zeile der OpenGL-Matrix, genau umgekehrt zu der C Standardkonvention. Um Verwirrungen zu vermeiden, sollten Matrizen deshalb in der Form m[16] deklariert und verwendet werden. Wird das Array auf vier Zeilen umgebrochen, entspricht die Darstellung der Transponierten der Matrix.

Weitere Details zum Rendering, unter anderem, wie das projizierte Bild normalisiert und wie Bildschirmkoordinaten in OpenGL gemappt werden, finden sich in Kapitel 3 des sog. Red Book [55]. Die Abschnitte „The Camera Analogy" und „Projection Transformations" vertiefen das hier Angesprochene.

2.1.2 Räumliche Transformationen

In 3-D-Computergrafik und für AR müssen virtuelle Objekte (und die virtuelle Kamera) in der Welt platziert und verschoben werden können. Diese Transformationen können ebenfalls mit Matrizen beschrieben werden. Sie zeigen, wie Objekte, oder die Kamera, im Raum platziert sind. Bei den dafür verwendeten Matrizen handelt es sich um affine Transformationen. Die Kolinearität der Abbildung dabei bleibt erhalten, d.h., Punkte einer Geraden liegen nach der Transformation ebenso auf einer Geraden. Hier werden, ebenso wie bei der Projektion, 4x4 Matrizen verwendet, womit gleichzeitig zu Rotationen auch Verschiebungen (Translationen) möglich sind. Eine Transformationsmatrix hat diese Form:

$$\begin{pmatrix} & & & t_x \\ & R_{3x3} & & t_y \\ & & & t_z \\ 0 & 0 & 0 & 1 \end{pmatrix}$$

mit

R_{3x3} 3x3 Teilmatrix für die Rotation
t_x, t_y, t_z Translation an der jeweiligen Achse

Drehungen um einzelne Achsen haben diese Form:

$$R_x = \begin{pmatrix} 1 & 0 & 0 \\ 0 & cos\theta & -sin\theta \\ 0 & sin\theta & cos\theta \end{pmatrix}$$

$$R_y = \begin{pmatrix} cos\theta & 0 & sin\theta \\ 0 & 1 & 0 \\ -sin\theta & 0 & cos\theta \end{pmatrix}$$

$$R_z = \begin{pmatrix} cos\theta & -sin\theta & 0 \\ sin\theta & cos\theta & 0 \\ 0 & 0 & 1 \end{pmatrix};$$

wobei θ der Drehwinkel ist.

Matrizen können aufmultipliziert werden, um aufeinander folgende Transformationen zu beschreiben. Dabei ist allerdings darauf zu achten, dass die Rechenoperation der Matrizenmultiplikation im Allgemeinen *nicht kommutativ* ist. Werden die gleichen Transformationen in anderer Reihenfolge aufmultipliziert, ergibt das ein anderes Ergebnis und damit eine andere Platzierung.

Um in OpenGL Transformationen auf Objekte (und die Kamera) anzuwenden, muss der Matrix-Modus auf die Model-View-Matrix gestellt sein. Weiter oben haben wir dies, nach dem Setzen der Projektionsmatrix, durch den Aufruf

```
glMatrixMode(GL_MODELVIEW);
```

gewährleistet. Bevor mit einer Platzierungsabfolge begonnen wird, sollte zunächst die Einheitsmatrix durch einen Aufruf von

```
glLoadIdentity ();
```

gesetzt werden. Damit ist gewährleistet, dass alte Werte gelöscht sind.

Platzieren von Objekten

Zunächst belassen wir die Kamera weiterhin am Ursprung des Koordinatensystems unserer Welt und verschieben nur virtuelle Objekte.

OpenGL bietet hier einige Hilfsfunktionen, die den Umgang mit Transformationen vereinfachen:

```
glTranslatef(GLdouble x, GLdouble y,
    GLdouble z);
glRotatef(GLdouble angleInDegrees,
    GLdouble xAxis, GLdouble yAxis,
    GLdouble zAxis);
glScalef(GLdouble xScale, GLdouble yScale,
    GLdouble zScale);
```

Die Funktion **glRotate** nutzt dabei die sog. Achse-Winkel-Darstellung. Ein Vektor definiert eine Achse. Der Winkel bestimmt, wie weit um diese Achse gedreht wird. So zeichnet z.B. die Anweisungskette

```
glTranslatef(0.0, 0.0, -5.0);
glRotatef(30.0, 0.0, 1.0, 0.0);
glScalef (1.0, 2.0, 1.0);
glutWireCube (1.0);
```

einen um fünf Einheiten nach hinten versetzten Würfel, der 30 Grad um die Y-Achse gedreht ist und entlang seiner Y-Achse die zweifache Länge hat.

Wenn die Funktionen

```
glTranslatef(1.5, 0.0, 0.0);
glutWireCube (1.0);
```

direkt im Anschluss an obige Anweisungen ausgeführt werden, erscheint der zweite Kubus nicht um 1,5 Einheiten rechts des ersten, sondern weiter nach hinten versetzt, kantenparallel zum ersten. Entsprechend jeder Translation und jeder Drehung wird immer das gesamte Koordinatensystem verschoben und gedreht. Alle weiteren Anweisungen erfolgen somit immer relativ zu den vorhergegangenen Transformationen. Abbildung 2.2 zeigt das Ergebnis aller genannten Transformationen. Um selbst mit Transformationen zu Experimentieren, findet sich der Rahmencode auf der Webseite des Autors[1]

Sollen Objekte unabhängig voneinander platziert werden, muss vor der Transformation für das nächste Objekt die Einheitsmatrix gesetzt werden:

```
glLoadIdentity();
```

OpenGL erzeugt in den Hilfsfunktionen Transformationsmatrizen, die rechtsseitig auf die Model-View-Matrix aufmultipliziert werden.

Auch auf programmatischer Ebene können Matrizen direkt aufmultipliziert werden. Die Funktion

```
glMultMatrixd(const GLdouble *m);
```

multipliziert die übergebene Matrix rechtsseitig auf die gesetzte Matrix.

Analog können neue Matrizen geladen werden. Die Funktion

```
glLoadMatrixd(const GLdouble *m);
```

setzt eine gegebene Matrix.

Hier soll nochmals kurz angemerkt werden, dass OpenGL eine andere Matrixdarstellung verwendet als sonst üblich in

---

[1] Rahmencode des Unterkapitels Rendering: `http://www.toennis.de/AR-Buch/Kapitel-2`

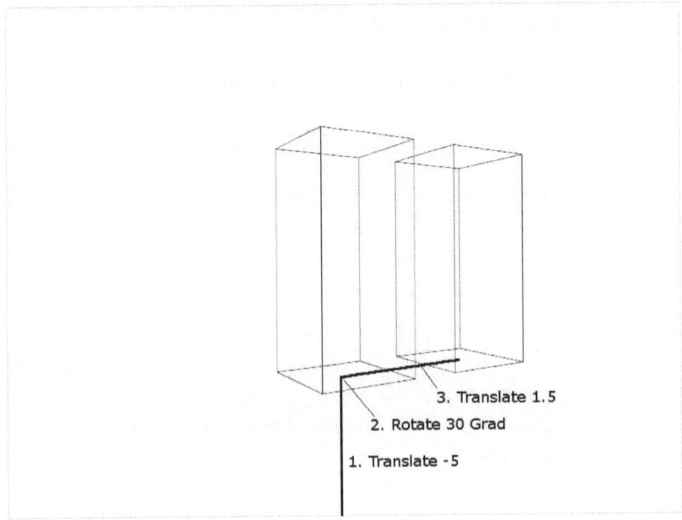

Abb. 2.2. Zwei Kuben: Verschieben an Z um -5 Einheiten, drehen um 30 Grad ergibt den ersten Kubus, verschieben an X um 1,5 Einheiten ergibt den zweiten Kubus

C/C++. Darum raten wir dazu, statt der Darstellung als m[4][4] eher die Darstellung als m[16] zu verwenden. Eine Transformationsmatrix, die an der Z-Achse um -5.0 Einheiten verschiebt, hat somit die Form

```
GLdouble zTrafo[16]={1.0,  0.0,  0.0,  0.0,
                     0.0,  1.0,  0.0,  0.0,
                     0.0,  0.0,  1.0,  0.0,
                     0.0,  0.0, -5.0,  1.0};
```

und kann in dieser vierzeiligen Darstellung als die Transponierte gesehen werden.

Verschieben der Kamera

In OpenGL kann die Kamera nicht explizit in der virtuellen Welt verschoben werden. Auf den ersten Blick scheint es, als ob das möglich ist, da eine Funktion

```
gluLookAt(eyeX, eyeY, eyeZ, refX, refY,
    refZ, upX, upY, upZ : glDouble);
```

mit

$eyeX$ Position des Betrachters
$eyeY$
$eyeY$
$refX$ Position des betrachteten Referenz-
          punktes
$refY$
$refZ$
upX Richtung des nach oben zeigenden Vek-
          tors
upY
upZ

in der OpenGL Utility Library vorhanden ist. Die Implementierung dieser Funktion greift allerdings auf die schon erwähnten Transformationsfunktionen zurück. Dabei wird die Transformation invertiert, der Eindruck entsteht, als würde die Kamera verschoben und nicht das Objekt.

Auf diese Weise kann die Kamera jedoch indirekt verschoben werden. Alle Transformationen, die *vor dem Zeichnen des ersten Objektes ausgeführt* werden, verschieben die Kamera. Hierzu müssen die Transformationen, ebenso wie innerhalb der **gluLookAt** Funktion, invertiert werden. Ebenso muss die Aufrufreihenfolge umgedreht werden, um den gewünschten Effekt auf die Kamera zu erhalten.

Es erfordert einiges Ausprobieren, um mit dieser Art von Transformation zurechtzukommen. Darum sei hier nochmals auf Kapitel 3 des Red Book [55] verwiesen. Der Abschnitt „Viewing and Modeling Transformations" vertieft das Thema.

2.1.3 Hierarchien und Szenengraphen

Um das Arbeiten mit mehreren oder strukturiert aufgebauten Objekten zu vereinfachen, bietet OpenGL nicht nur eine Matrix, sondern Matrizenstacks an. Es gibt zwei Stacks, den Stack der Projektionsmatrizen und den Stack der Model-View-Transformationen. Auf den Projektionsmatrizenstack wollen wir hier nicht eingehen, Informationen finden sich im Red Book [55].

Der Model-View-Matrix-Stack kann die Arbeit mit Transformationen deutlich vereinfachen. Initial ist auf dem Stack nur eine Matrix vorhanden, die Model-View-Matrix, mit der wir bisher gearbeitet haben. Mit zwei Funktionen können wir diesen Stack erweitern und verkleinern.

Die Funktion

```
glPushMatrix();
```

erstellt eine Kopie der bisher obersten Matrix und platziert diese neue Matrix oben auf dem Stack. OpenGL arbeitet immer mit der obersten Matrix. Die Funktion

```
glPopMatrix();
```

entfernt im Gegenzug die oberste Matrix von dem Stack. Mit anderen Worten kann man diese zwei Funktionen als Gedächtnis beschreiben: glPushMatrix() heißt so viel wie *„merke Dir, wo Du bist"* und glPopMatrix() heißt *„geh dahin zurück, wo Du warst"*.

Eine Geburtstagstorte mit zehn Kerzen lässt sich somit auf diese Weise implementieren:

```
renderTorte();
renderKerzen() {
  for(int  i=0;  i<10;  i++) {
    glPushMatrix();
      glRotatef(36.0*i,  0.0,  1.0,  0.0);
      glTranslatef(1.0,  0.0,  0.0);
      renderKerze();
    glPopMatrix();
  }
}
```

Der Stack speichert für uns gewünschte Transformationen, auf die wir später wieder zugreifen können. Hierarchien von Objekten, oder voneinander unabhängige Objekte, lassen sich damit angenehmer darstellen, als wenn immer weiter auf die aktuelle Matrix aufgebaut werden muss.

Eine Erweiterung zu diesem Konzept und zu OpenGL stellen *Szenengraphen* dar. Ein Szenengraph ist ein gerichteter azyklischer Graph (meist ein Baum), in dem jede Kante eine räumliche Transformation darstellt. Die Knoten beinhalten die Form und Darstellung der Objekte. Der inhärente Vorteil von Szenengraphen besteht darin, dass die Verschiebung immer relativ zu der davor (also darüber) liegenden Transformation stattfindet. Der Szenengraph merkt sich nicht, wie der Matrizenstack, die Transformation, sondern er multipliziert alle Transformationen von der Wurzel zu jeden Blatt hin rechtsseitig auf.

Szenengrapherweiterungen für OpenGL sind unter anderem VQS [51] oder SGL[2]. Szenengraph-basierte Bibliotheken sind neben vielen anderen Java3D[3], Coin3D[4], Ope-

---

[2] SGL: `http://www.web3d.org/x3d/specifications/`

[3] Java3D: `https://java3d.dev.java.net/`

[4] Coin3D: `http://www.coin3d.org/`

nInventor[5], Ogre3d[6], OpenSceneGraph[7] und OpenSG[8]. Für die meisten Bibliotheken existieren Loader für die gebräuchlichen Szenengraphen Standards, z.B. für VRML[9] und X3D[10].

2.2 Displays

Nachdem wir nun virtuelle 3-D-Objekte im Computer erzeugen können, müssen wir diese dem Nutzer darstellen. Um dies in AR zu erreichen, benötigen wir Displays, die Realität und Virtualität verbinden können. Dieser Abschnitt illustriert an verschiedenen Arten von Displaytechnologien, wie das erreicht werden kann.

Grundsätzlich gibt es zwei Prinzipien, wie die Realität mit virtuellen Objekten überlagert werden kann: Überlagerung der freien Sicht oder Überlagerung eines Videobildes. Die zugehörigen Displays sind Optical See-Through Displays und Video See-Through Displays.

Optical See-Through sind Displays, die den direkten Blick auf die umgebende Welt ermöglichen und ein Computerdisplay durch einen halbdurchlässigen Spiegel, einen sog. *„Combiner"*, in das Sichtfeld einblenden. Der Vorteil dieser Art von Displays liegt in der Erhaltung der direkten Sicht auf die Umgebung. Nachteilig ist die zeitliche Verzögerung in der Darstellung der computergenerierten virtuellen Objekte. Während die Sicht auf die Umgebung bei jeder

---

[5] OpenInventor: `http://oss.sgi.com/projects/inventor/`

[6] Ogre3d: `http://www.ogre3d.org/`

[7] OpenSceneGraph: `http://www.openscenegraph.org/`

[8] OpenSG: `http://www.opensg.org/`

[9] VRML Standard: `http://www.web3d.org/x3d/specifications/#vrml97`

[10] X3D Spezifikation: `http://www.web3d.org/x3d/specifications/`

Bewegung sofort vom Auge aufgenommen wird, muss für die computergenerierten Objekte zunächst die Bewegung von Sensoren getrackt und die neue Position und Lage berechnet werden. Dieser Vorgang benötigt einige Zeit. Selbst kleine Verzögerungen von einigen Millisekunden erzeugen bereits Schwimmeffekte, das virtuelle Bild hängt dem realen hinterher und scheint zu schwimmen. Im Englischen bezeichnet der Begriff *lag* diese zeitliche Verzögerung. Weiterhin ist das virtuelle Bild bei Optical See-Through Displays transparent. Durch die halbdurchlässige Einspiegelung des Computerbildes scheint das reale Umfeld immer durch.

Video See-Through Displays verwenden Videokameras. Das Bild einer Kamera (oder zwei, eine für jedes Auge) wird im Hintergrund des Computerdisplays angezeigt, davor werden die virtuellen Objekte gerendert. Der Vorteil dieser Art von Displays liegt darin, dass der lag und die damit zusammenhängenden Schwimmeffekte kompensiert werden können. Das Kamerabild wird um denselben Zeitraum verzögert, den das Computersystem zur Positions- und Lagebestimmung und zum Rendering (natürlich abzüglich der Zeit, die notwendig ist, um das Kamerabild zu rendern) benötigt. Allerdings hängt das Gesamtbild den Bewegungen des Benutzers um genau diesen Zeitraum hinterher. Ein weiterer Nachteil dieser Art von Bildfusion ist, dass die Sicht auf die Realität schlechter wird. Je nach Auflösung der Kamera erscheint das Bild der Umgebung in reduzierter Qualität.

Auf diesen beiden Prinzipien basierend gibt es verschiedene Arten von Displays, die je nach Anwendungsfall eingesetzt werden. Grob lassen sich diese Displays in verschiedene Kategorien einteilen, die nun im Detail beschrieben werden. Diese Kategorien sind am Kopf getragene *Head-Mounted Displays*, *Raum- oder Umgebungsfixierte Displays*, *Bewegliche Displays* und *Handheld Displays*.

2.2.1 Head-Mounted Displays

Abb. 2.3. Head-Mounted Display (Bild mit freundlicher Genehmigung von Vuzix Corp.)

Das schon fast klassische Bild der AR wird durch sog. Head-Mounted Displays (HMD), wie in Abb. 2.3 gezeigt, gezeichnet. Dabei trägt der Benutzer eine Brille mit einem oder zwei eingebauten Displays. Die Brille kann durchsichtig sein, dann handelt es sich um ein Optical See-Through Display, oder geschlossen, der Benutzer trägt dann ein VR-Display. Durch eine oder zwei Kameras kann ein VR-Display zu einem Video See-Through HMD ausgebaut werden. Das Kamerabild wird dabei in den Displays angezeigt. Ist nur ein Display für beide Augen verbaut, handelt es sich um ein monokulares Display, ist pro Auge ein Display (und

je eine Kamera) eingebaut, haben wir ein stereoskopisches
Display das einen wirklichen 3-D-Eindruck erzeugen kann.

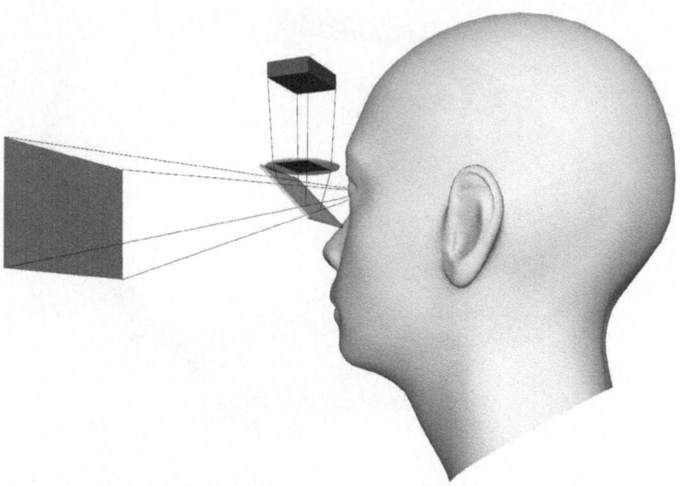

Abb. 2.4. Prinzip eines HMD: Ein halbdurchlässiger Spiegel vor
dem Auge (schräg stehend) spiegelt das Bild eines Displays (vor
der Stirn) in das Sichtfeld ein. Durch die runde Linse erscheint
das virtuelle Bild (ganz links) in einer größeren Entfernung

Das Einblenden des computergenerierten Bildes bei einem Optical See-Through Display übernimmt der Combiner, ein halbdurchlässiger Spiegel. Der Benutzer kann die
Umgebung sehen und erhält das Bild des Displays in sein
Sichtfeld mit eingespiegelt. Den Combinereffekt kann man
bei Fensterscheiben erkennen, wenn man in schrägem Winkel nach draußen blickt. Die Wand und andere Gegenstände
des Raumes, aus dem man hinausblickt, sind zu sehen. Auch
im Auto kennt man diesen Effekt, wenn ein heller Gegen-

stand auf dem Armaturenbrett liegt. Die Entfernung dieser Spiegelbilder entspricht der Summe der Abstände Auge-Spiegelpunkt-Gegenstand. Wie Abb. 2.4 zeigt, wird das virtuelle Bild bei HMDs meist durch eine Optik aus Linsen in eine größere Entfernung verschoben. Da die auf dem Kopf getragene Konstruktion nicht zu groß werden soll, ist diese Optik notwendig, das Bild würde sonst nur einige Zentimeter vor dem Auge erscheinen. In einer so kurzen Distanz wären die Augen durch die kurze Fokussierung sehr angestrengt, auch würde eine Akkommodation, das Fokussieren auf weitere Distanzen, mehr Zeit in Anspruch nehmen. Üblicherweise verschieben HMDs die sog. fokale Ebene in eine Entfernung von 60 − 80 cm.

2.2.2 Raum- und umgebungsfixierte Displays

In der zweiten Kategorie von Displays entfällt für den Benutzer die Notwendigkeit ein HMD zu tragen. Raum- oder umgebungsfixierte Displays platzieren das Display in der Umgebung des Benutzers, generell an fester Position, z.B. an Wänden oder als Wände.

Feststehende Displays

Das geradezu klassische System dieser Kategorie kommt aus der VR, die CAVE [15]. Die Wände einer CAVE bestehen aus (Rückprojektions-)Leinwänden. Auf diesen Leinwänden wird das Bild aus der Position des Benutzers perspektivisch so dargestellt, dass es erscheint, als wären die angezeigten Objekte an einer festen Position im Raum. Dazu muss die Position der Augen des Nutzers bekannt sein. Um in einer CAVE stereoskopische Bilder zu erzeugen, werden meist Polarisationsfilter oder Shutterbrillen verwendet. Bei einer Polarisationsdarstellung erzeugen zwei Videoprojektoren jeweils ein Bild für je ein Auge. Zwischen jedem

Projektor und der Leinwand ist ein Polarisationsfilter vorhanden, wobei beide um 90 Grad zueinander verdreht sind. Die Leinwand muss die Polarisation des auftreffenden Lichtes erhalten. Wenn der Betrachter eine Polarisationsbrille trägt, erreicht nur das jeweilige, von der Polarisation her passende Bild ein Auge, das andere Bild wird vom Polarisationsfilter herausgefiltert. Bei Shutterbrillen wird die Brille mit dem Videoprojektor synchronisiert. Abwechselnd stellt der Projektor ein Bild für das linke und eines für das rechte Auge dar. Die Brille schließt und öffnet die einzelnen Brillengläser entsprechend.

Während die CAVE als VR-Display nicht für AR Verwendung finden kann, eignet sich das Prinzip der Darstellung durchaus für AR. Als Display kann anstatt einer halbtransparenten Milchglasscheibe ein Medium genutzt werden, auf das projiziert werden kann, das jedoch eine höhere Transparenz hat. Als Beispiel soll hier der sog. Fogscreen dienen. Der Fogscreen ist ein immaterielles Display, bei dem mit Videoprojektoren auf Wasserdampf projiziert wird. DiVerdi et al. [17] haben den Fogscreen zu einem 3-D-Display erweitert. Abbildung 2.5 zeigt einen Benutzer, der auf einen virtuellen Hasen blickt. Der Benutzer kann durch das Display hindurchlaufen, ohne nass zu werden. Die Wassertropfen sind sehr klein, vergleichbar mit dem Wasserdampf eines Luftbefeuchters, und benetzen Oberflächen selbst über Stunden nur sehr wenig.

Relativ feststehende Displays

Nicht immer muss das Display fest im Raum platziert werden. In Fahrzeugen ist der Benutzer von einem mobilen Rahmen umgeben, der ein Display tragen kann, ein *Head-Up Display* (HUD).

Head-Up Displays wurden ursprünglich in Flugzeugen eingebaut, um wichtige Fluginformationen wie Kompass

Abb. 2.5. Fogscreen (Bild mit freundlicher Genehmigung von Stephen DiVerdi [17], ©2006 SPIE)

und künstlichen Horizont in das Sichtfeld einzublenden. Mit Beginn des 21. Jahrhunderts wurden allerdings erste HUDs in Kraftfahrzeugen angeboten. Ein kleines Display hinter dem Armaturenbrett wird über die Frontscheibe in das Sichtfeld des Fahrers eingeblendet. Die Frontscheibe ist der Combiner, der das reale und das virtuelle Bild miteinander überlagert. In den momentan erhältlichen HUDs werden allerdings nur symbolische Informationen, wie etwa die gefahrene Geschwindigkeit und Navigationshinweise angezeigt. Vorteile der Informationsbereitstellung im HUD sind kleine Blickwinkel und geringere Fokussierungszeiten, weil das Display in einer größeren Entfernung erscheint als Innenraumdisplays. Die fokale Ebene liegt bei HUDs meist in Größenordnungen von etwa 2 m. Falls HUDs einmal eine größere Fläche in der Frontscheibe abdecken können, haben sie ein hohes Potenzial für AR [59]. So könnten z.B. Navigationspfeile direkt auf die Straße gelegt werden.

2.2.3 Bewegliche Displays

Window-into-the-World Displays [21] sind im Gegensatz zu Head-Up Displays nicht fest in der Umgebung montiert. Der Benutzer kann sich frei bewegen und trägt gewissermaßen ein Fenster mit sich herum. Das Fenster verhält sich genauso wie ein normales Fenster – blickt der Benutzer durch das Display, sieht er was dahinter ist, mit dem einzigen Unterschied, dass er in diesem Sichtbereich auch die erweiterte Realität erkennen kann. Der Blickwinkel der virtuellen Kamera und die intrinsischen Parameter werden bei jeder Bewegung an die Position des Betrachters und die des Displays angepasst.

Da der Benutzer durch das Display hindurchsehen möchte, eignen sich normale TFT-Monitore nicht für eine derartige Anwendung. Kamerabasierte Ansätze liefern kein befriedigendes Ergebnis, die Kamera müsste am Kopf des Benutzers montiert sein, und somit wäre der relevante Bereich hinter dem Display wiederum durch das Display verdeckt. Möglich wäre eine Displayeinheit, die mit einem Combiner arbeitet. Diese wäre allerdings wieder deutlich unhandlicher. Die OLED-Technologie hingegen entwickelt sich immer weiter. OLEDs sind transparente LEDs, die durch Einschalten einer Farbe undurchsichtig werden. Auf Basis dieser Technologie sind Window-into-the-World Displays für AR realisierbar.

2.2.4 Handheld Displays

Handheld-Displays sind kleinere Systeme, die der Benutzer in der Hand halten kann und dadurch bei der Arbeit

Abb. 2.6. Display mit einer auf der Rückseite befestigten Kamera

meist uneingeschränkt mobil ist. Mobiltelefone oder PDAs mit eingebauten Kameras sind Beispiele für solche Systeme, aber auch Notebooks oder Tablet-PCs mit Webcam. Abbildung 2.6 zeigt ein Notebook, das mit einer Webcam auf der Rückseite des Displays ausgestattet wurde. Handheld-Systeme können als eine vereinfachte Form der Window-into-the-World Displays gesehen werden. Der Unterschied liegt darin, dass nicht das System Kopfposition-Displaylage zur Bestimmung des Sichtfeldes auf dem Display verwendet wird. Stattdessen ist der Augpunkt (der Viewpoint) der virtuellen Kamera fest mit dem portablen Gerät verbunden. Ausschließlich die Ausrichtung des Gerätes bestimmt die Blickrichtung. Der Vorteil dieser Systeme zeigt sich in der

Tauglichkeit für mehrere Benutzer. Das gezeigte Bild ist zwar aus keiner Betrachtungsposition perspektivisch korrekt, aber es wird relativ zum Display in der richtigen Perspektive gezeigt. Die Darstellung ist vergleichbar mit einem Fernseher, auf den in schrägem Winkel geblickt wird, das Bild ist gut zu erkennen, aber etwas verzogen. Von vorne betrachtet erscheint das Bild korrekt.

Abb. 2.7. Webcam zur Bildaufnahme und Monitor zur Darstellung

Hier muss, um die folgende Übung einzuleiten, auf Systeme eingegangen werden, in denen Kamera und Display entkoppelt sind. Eine Kamera, wie in Abb. 2.7 dargestellt, nimmt die Szenerie auf, das AR-überlagerte Bild wird auf einem konventionellen Monitor oder Videoprojektor dargestellt. Zwar ist das Display selbst nicht mehr Teil der AR-Anwendung, trotzdem können derartige Systeme zu AR-Systemen gezählt werden. Alle Bedingungen des AR-Paradigmas bleiben erfüllt und die aufgenommene Szenerie wird interaktiv in Echtzeit überlagert.

2.3 Übung - Video-See-Through auf normalen TFT-Displays

Nachdem wir das notwendige Handwerkszeug für 3-D-Rendering kennengelernt und einen Überblick über Displays haben, ist es an der Zeit, eine erste AR-Anwendung zu implementieren. Um den einfachen und kostengünstigen Einstieg zu ermöglichen, nutzen wir in den weiteren Übungen eine Webcam, die Ausgaben stellen wir auf dem Monitor dar. Zusätzlich hat dieser Ansatz den Vorteil, dass wir uns zuerst auf die reine Überlagerung eines Bildes fokussieren können.

Die erste Übung benötigt eigentlich noch keine Webcam. Wir wollen zum Anfang nur eine statische Szene überlagern. Ziel dieser Übung ist es, ein Gefühl für die Notwendigkeit zu bekommen, die Sichtbereiche des Blickes auf die Realität und die der virtuellen Kamera auf korrekte Deckung zu bringen. Wird diese Deckung nicht erreicht, ist es später schwer festzustellen, ob im System eine Transformation falsch berechnet wurde oder ob eben die beiden visuellen Systeme falsch registriert zueinander sind. Meistens wird der Fehler lange in der Berechnung gesucht, liegt aber eigentlich an ganz anderer Stelle, nämlich in der falschen Perspektive der beiden überlagerten Szenerien.

Ansatz

Um ein statisches Bild zu überlagern, markieren wir in dem zu fotografierenden Bereich einige Punkte, an denen wir später die AR-Darstellungen zeichnen wollen. Auf einem einzelnen Punkt können wir später eine Teekanne darstellen, auf vier im Quadrat angeordneten Punkten können wir einen Würfel zeichnen. Sind die Punkte markiert, stellen wir eine Fotokamera auf einem Stativ auf und machen von der Szene ein Bild. Die meisten Kameras speichern im Bild zusätzliche Informationen ab, die sog. EXIF-Daten. Aus den EXIF-Daten können wir die Einstellung der Brennweite auslesen. Die Größe des CCD-Sensors erhalten wir aus dem Handbuch oder aus dem Internet. Um die Transformationen für die Überlagerung der virtuellen Objekte zu bestimmen, dürfen wir die Kamera nicht verrücken. Vom Brennpunkt der Kamera messen wir die Abstände und Winkel zu jedem Punkt in der Szenerie. Dabei ist darauf zu achten, dass die Messungen im Kamerakoordinatensystem genommen werden, die Werte müssen passend zu den Achsen der Kamera bestimmt werden. Somit können wir alle Parameter für die Transformationen der virtuellen Objekte berechnen.

Vorgegebenes Bild

Zunächst wollen wir uns den Aufwand ersparen, die Messungen mit Lineal und Geodreieck durchzuführen, wir verwenden ein vorgegebenes Bild und vorgegebene Messwerte. Abbildung 2.8 zeigt das Bild, das wir hier verwenden. Dieses Bild laden wir im Renderer und zeigen es im Hintergrund an. Das Bild und der Rahmencode zum Laden des Bildes sind auf der Webseite[11] des Autors erhältlich. Der vorgegebene Code verwendet das Bildformat PPM. Es handelt sich dabei um ein sehr einfaches Bildformat, bei dem die Laderoutine ohne zusätzliche Bibliotheken einfach selbst zu implementieren ist.

---

[11] Rahmencode der ersten Übung: `http://www.toennis.de/AR-Buch/Uebung-1`

Abb. 2.8. Ausgangsbild

Tabelle 2.1 sammelt alle Messwerte, die notwendig sind, um die intrinsischen und Kameraparameter und alle Transformationen zu setzen. Alle Transformationen sind bereits so vorberechnet, dass sie direkt in die **glTranslate**- und **glRotate**-Funktionen übernommen werden können, einzig die Projektionsmatrix muss errechnet und gesetzt werden.

OpenGL gibt einige Objektprimitive vor, den Wireframe Würfel haben wir schon in den Beispielen des Rendering gesehen. Ein solcher Würfel wird ausgehend vom Mittelpunkt gezeichnet. Der Würfel muss um die halbe Höhe nach oben versetzt werden, um korrekt auf dem Marker zu erscheinen. Für den Würfel, der den echten überlagern soll, ist der Schwerpunkt bereits berechnet.

Eine Teekanne kann mit der GLUT-Funktion

```
glutSolidTeapot(GLdouble size);
```

Tabelle 2.1. Alle Messwerte für eine korrekte Überlagerung

Kameraparameter	
Brennweite der Kamera	56,8 mm
Höhe des Bildsensors	15,8 mm
Seitenverhältnis des Bildes (Breite/Höhe)	3/2
Würfel auf Marker	
Kantenlänge	16 cm
Translation	0.052, -0.05, -1.368
Rotation	283.7, 0.998, -0.057, -0.025
Teekanne	
Translation	-0.15431, -0.036205, -1.40353
Rotation	283.7, 0.998, -0.057, -0.025
Würfel auf Würfel	
Kantenlänge	7,2 cm
Translation	0.052, 0.036, -1.540
Rotation	282.3, 0.9929, 0.0397, 0.1124

gezeichnet werden.

Viel Spaß und Erfolg beim Ausprobieren!

Wurde alles richtig umgesetzt, sollte das Ergebnis aussehen wie in Abb. 2.9 dargestellt. Sollte gerade kein Rechner oder Internetzugang zur Verfügung stehen, können die wichtigsten Lösungsschritte im Anhang „Lösungen" nachgelesen werden.

Überlagerung eines eigenen Bildes

Natürlich macht es mehr Spaß, ein eigenes Bild zu erweitern als ein vorgegebenes. Das führt zu einigen Problemen. Wie findet man die zentrale Sichtlinie der Kamera, also die negative Z-Achse? Wie misst man die Distanz bis zum Brennpunkt? Der Brennpunkt liegt innerhalb der Linse des

Abb. 2.9. Überlagertes Bild

Objektivs und kann mit einem Lineal nicht erreicht werden. Und, wie sollen die Winkel gemessen werden?

Wenn all diese Probleme gelöst wurden, kann das mit der Kamera aufgenommene Bild in das PPM-Format konvertiert werden. Die meisten Grafikbearbeitungsprogramme können dieses Format abspeichern. Hier sei nur GIMP[12], das GNU Image Manipulation Program, genannt. Während des Kompilierens ist man großer Hoffnung, ein perfekt überlagertes Bild zu sehen und ist dann oft enttäuscht, wenn man das Ergebnis sieht. Die virtuellen Objekte stehen an der falschen Stelle und es muss viel manueller Aufwand betrieben werden, um die Platzierung zu verbessern. Woran liegt das?

---

[12] GIMP: `http://www.gimp.org/`

Erste Fehler fließen schon durch Messungenauigkeiten ein. Dazu kommt, dass die im Handbuch der Kamera angegebene Brennweite meist nur in der Nähe des tatsächlichen Abstandes zwischen Brennpunkt und CCD-Chip liegt. Für einen Fotografen ist das meist vollkommen ausreichend. Er wählt seine Position und Brennweite manuell, bis die gewünschte Perspektive erreicht ist. Bei unserem Vorgehen schleichen sich schnell Fehler ein, da wir den genauen Wert nicht kennen. Dazu kommt außerdem, dass die Linsen in der Kamera das Bild etwas verzerren, während wir beim Rendering von einer verzerrungsfreien Lochkamera ausgehen.

Es muss ein Weg gefunden werden, die internen Kameraparameter genauer und vor allem automatisch zu bestimmen. Auch soll die Positionsbestimmung der Punkte, an denen die virtuellen Objekte gezeichnet werden sollen, ebenso automatisch ablaufen. Mit den bisherigen manuellen Schritten würden wir nie den Zeitbedarf der Echtzeitüberlagerung eines Kameravideos erfüllen.

In Kapitel 3 gehen wir auf genau diese Probleme ein. Die nächste Übung in Abschnitt 3.4 automatisiert den Prozess der Positionsbestimmung. Die Bestimmung der Position des virtuellen Objektes, die wir bisher relativ zur Kamera ausgemessen haben, wird dort von einem Trackingsystem übernommen. Dazu muss die Kamera zu Beginn selbst vermessen werden, um die korrekten internen Kameraparameter zu bestimmen. Auch damit befassen wir uns im kommenden Kapitel.

2.4 Andere Arten der Darstellung

Nachdem wir uns bisher ausschließlich mit der Darstellung optischer Informationen befasst haben, wollen wir kurz andere Arten der Darstellung von Informationen für AR betrachten.

Prinzipiell kann dem Menschen über jeden Sinneskanal Information übermittelt werden. Um eine Sinnesaufnahme mit AR zu vereinen, sollte nach dem zugrundeliegenden Paradigma eine Registrierung der Information in 3-D gegeben sein. Nach optischen Informationen ist der nächste direkte Schritt der zu akustischen Darstellungen, gefolgt von Darstellungen für alle anderen Sinne, taktil-haptischer, olfaktorischer oder gustatorischer Informationsübermittlung.

Akustische Darstellung

Neben optischer Informationsdarstellung ist wohl die akustische Informationsdarstellung die am weitesten gereifte. Dies wurde besonders durch das Aufkommen von Mehrkanal Surround-Sound-Systemen gefördert, ebenso durch Kopfhörer, die eine differenziertere Richtungswahrnehmung unterstützen als Stereo-Kopfhörer. Doch bereits mit Stereo-Systemen lässt sich ein räumlicher Eindruck simulieren. So wird z.B. die akustische Darstellung der Höhe einer Tonquelle über eine stärkere Modulation der Höhen erreicht. Je weiter oben eine Tonquelle simuliert wird, desto höher werden die Töne moduliert. Das menschliche Gehör hat damit den Eindruck, dass die Tonquelle nach oben steigt. Auch Dopplereffekte werden simuliert.

Erreicht werden können derartige Effekte durch Softwareerweiterungen, die auch für OpenGL erhältlich sind. Implementierungen, die im Allgemeinen den Standard der Open Audio Language (OpenAL) [20] erfüllen, können Tonquellen und Empfänger (Nutzer) räumlich platzieren. Creative Labs bietet eine Referenzimplementierung zu OpenAL[13].

---

[13] Creative Labs Inc., OpenAL: `http://connect.`
`creativelabs.com/openal/default.aspx`

Taktile und haptische Darstellung

Auch über Haut und Körper können Informationen vermittelt werden. Force Feedback-Geräte lassen sich zur Darstellung von Kräften in zwei Kategorien einteilen, gehaltene und getragene Systeme.

Zu haltende Geräte sind, wie Abb. 2.10 zeigt, vom Aufbau her meist ähnlich einem kleinen Roboterarm. Sie nehmen die Bewegung des angebrachten Griffes, oft in stiftähnlicher Form, auf und können entsprechend einer vorprogrammierten Form Gegenkräfte aufschalten. Oft sind sogar unterschiedliche Oberflächenmaterialien, wie harte oder weiche Oberflächen, darstellbar.

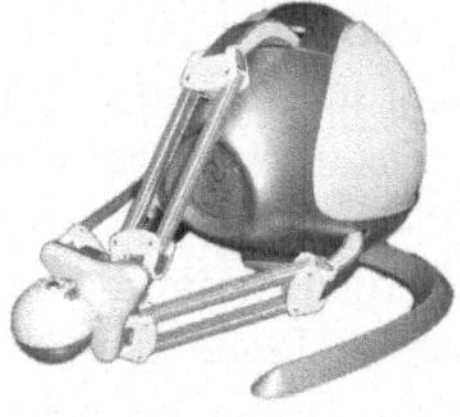

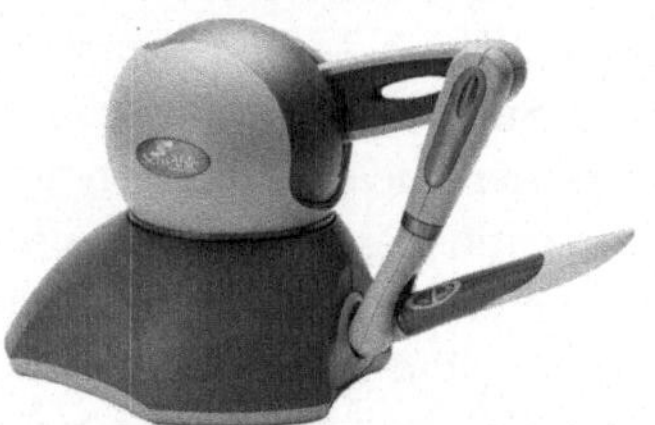

(a) Novint Falcon (Bild mit freundlicher Genehmigung von Novint Technologies, Inc.)

(b) Phantom Omni®(Bild mit freundlicher Genehmigung von ©SensAble Technologies, Inc.)

Abb. 2.10. Force-Feedback Geräte

Getragene Systeme sind auch als Exoskelette bekannt. Man kennt meist Handschuhe, aber es existieren ebenso Systeme für andere Körperpartien.

Beide Arten von Force-Feedback-Systemen müssen hohe Update-Raten unterstützen. Da die menschlichen Sinne das Fühlen sehr hoch auflösen, sollten die Datentransferraten über 100 Hz liegen. Um feine Strukturen darzustellen, steigt der Bedarf schnell auf über 1000 Hz.

Systeme dieser Art können zusätzlich genutzt werden, um weitere in der Haut vorhandene Nervenzellen zu stimulieren. So kann Wärme vermittelt oder ein Strukturgefühl dargestellt werden. Ein System soll hier illustriert werden, um die entstehenden Möglichkeiten zu beschreiben. Die Cilia Skin [50] stellt ein taktil-visuelles System dar, das eine Oberfläche ähnlich Wiesengras, einem Teppich oder einem anderen Gewebe haben kann. Die Aktuatoren können einzeln oder gemeinsam agieren oder reagieren. So lassen sich neben Änderungen in der Oberflächenstruktur (z.B. härter oder weicher) auch visuell erkennbare Formen und Muster darstellen.

Gustatorische und olfaktorische Darstellung

Als letzte Art der Informationsdarstellung gehen wir auf die gustatorische und olfaktorische Darstellung ein. Während sich die Informationsübermittlung durch den Geschmackssinn eher kompliziert darstellt, da die Rezeptoren nur über Mund und Rachen zugänglich sind, bieten olfaktorische Displays eine interessante Variante, um Informationen zu übermitteln. Auch hier kann man die Geräte in zwei Typen klassifizieren, getragene und in der Umgebung platzierte.

Getragene Systeme besitzen üblicherweise eine oder zwei Düsen unter den Nasenlöchern. Die Hardware und die Ampullen mit den Duftstoffen werden meist auf dem Rücken getragen. Basierend auf diesem Ansatz haben Yamada et al. [78] ein System entwickelt, das sich für den Outdoor-Einsatz eignet. Abhängig von der Position, an der sich der Träger dieses Systems befindet, werden die entsprechenden Duftstoffe vermischt und dem Benutzer direkt unter der Nase dargestellt. Abbildung 2.11 zeigt das Kopfteil des Systems von Yamada. Da nur geringe Mengen ausgegeben werden, verflüchtigen sich die Duftstoffe schnell, besonders, wenn sich der Benutzer bewegt.

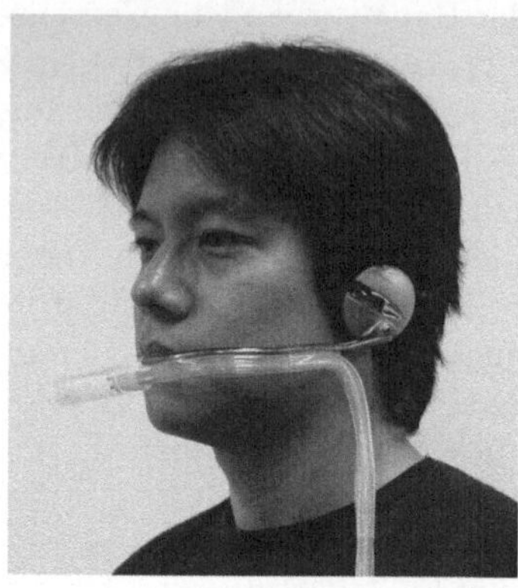

Abb. 2.11. Kopfteil eines olfaktorischen Displays (Bild mit freundlicher Genehmigung von [78], ©2006 IEEE)

Den Ansatz, Duftgeneratoren in der Umgebung zu platzieren, verfolgten Nakaizumi et al. [44]. Sie entwickelten ein System, das Ringe ähnlich einem Rauchring, Vortexringe genannt, in eine bestimmte Richtung ausstoßen kann. Kollidieren zwei derartige Ringe aus unterschiedlichen Richtungen an einer Stelle im Raum, entstehen Verwirbelungen, eine annähernd stehende Duftwolke entwickelt sich an dieser Stelle. Abbildung 2.12 zeigt den Vorgang schematisch. Um derartige Wolken entstehen zu lassen, muss genug Zeit vorhanden sein, die Vortexringe zu erzeugen und bis zum Kollisionspunkt fliegen zu lassen. Diese Position muss bekannt sein, entweder muss der Empfänger stehen bleiben oder das System muss vorausberechnen, wann er an dieser Position ankommen wird. Weiterhin darf keine zu starke Luftströmung vorhanden sein, sonst besteht die Gefahr, dass einer der Vortexringe zu stark abgelenkt wird. Ebenso muss der Weg zwischen Zielpunkt und beiden Duftkanonen frei sein.

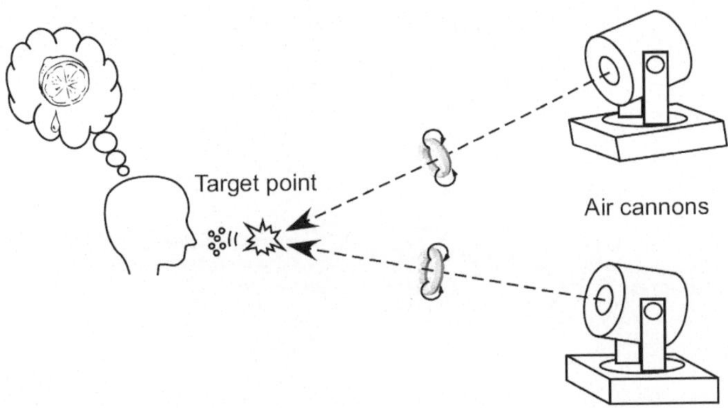

Abb. 2.12. Zwei Vortexringe kollidieren an einem Zielpunkt und diffundieren (Bild mit freundlicher Genehmigung von [44], ©2006 IEEE)

3

Tracking

Neben der Darstellung von virtuellen Objekten ist die Lagebestimmung der zweite zentrale Bestandteil von AR-Systemen. Die Lage des Betrachters, und oft auch die Lage wichtiger Gegenstände in der Umgebung oder der Ort, an dem virtuelle Objekte erscheinen sollen, müssen dem AR-System zur Verfügung stehen. Der Prozess der Lagebestimmung wird gemeinhin als Tracking bezeichnet.

Zuerst geben wir einen Überblick über Prinzipien des Trackings und dafür verwendete Technologien und Systeme. Im Anschluss daran befassen wir uns mit Themen der Registrierung und Kalibrierung, der Bestimmung verschiedener Parameter und Transformationen. Diese werden notwendig, da durch den Einsatz von Trackingsystemen neue Koordinatensysteme im AR-System eingeführt werden. Wir werden sehen, wie man die Transformation zwischen getrackten Objekten und Augpunkt (Viewpoint) findet und intrinsische Kameraparameter bestimmt. Nächster Bestandteil dieses Kapitels sind Störeffekte, wie Wackeln der überlagerten Objekte oder Schwimmeffekte. Das Kapitel schließt mit einer Übung, die ein optisches

M. Tönnis, *Augmented Reality*, Informatik im Fokus,
DOI 10.1007/978-3-642-14179-9_3,
© Springer-Verlag Berlin Heidelberg 2010

Markertracking-System an unser Programm aus der ersten
Übung anbindet.

3.1 Technologien und Prinzipien

Es gibt eine Vielzahl von Trackingsystemen, die auf unterschiedlichen physikalischen Gegebenheiten basieren. Zu den
vielleicht am häufigsten für AR eingesetzten Technologien
gehören optisches Tracking und Tracking mit Inertialsenso-
ren.

3.1.1 Optisches Tracking

Optisches Tracking ist eine häufig eingesetzte Technik für
Tracking. Ein Grund dafür mag sein, dass der Benutzer relativ einfach ein Verständnis für die Zusammenhänge bei
optischem Tracking aufbauen kann. Er muss nicht auf der
Theorieebene bleiben – er kann sehen, was das Trackingsystem sieht – zumindest, solange im sichtbaren Spektrum
getrackt wird.

Manche optische Trackingsysteme arbeiten im Bereich
des sichtbaren Lichtes ($380\,nm$ - $780\,nm$), andere im Bereich des infraroten Lichtes (nahes Infrarotlicht $780\,nm$ -
ca. $1400\,nm$). Infrarotlicht bietet im Gegensatz zu norma-
lem Licht den Vorteil, dass zusätzliche Beleuchtungen verwendet werden können, ohne das normale Sehen zu beein-
trächtigen. Im Besonderen können Blitze verwendet werden, die im normalen Lichtspektrum das menschliche Auge
anstrengen, wenn nicht sogar das normale Agieren stark
erschweren würden. Eine derartige zusätzliche Beleuchtung
kann zugleich als Nachteil angesehen werden, denn sie erfordert eben diese zusätzliche Komponente. Infrarotlicht ist
weniger abhängig von (diffusem) Umgebungslicht und kann

auch (bei längeren Wellenlängen, ca. $10\,\mu m$) in Form von Wärmebildern eingesetzt werden. Der Vorteil der Unsichtbarkeit von Infrarotlicht macht das Arbeiten jedoch umständlicher. Da das Licht nicht mit dem menschlichen Auge wahrnehmbar ist, muss zur Überprüfung des Systems immer ein Kamerabild verwendet werden. Auch Video See-Through-Systeme wirken mit einem überlagerten Infrarotbild oft verwirrend, die Szenerie sieht eigentümlich aus. Bei einem Normallichtsystem hingegen kann dasselbe Bild für Tracking und Überlagerung genutzt werden.

Markertracking

Bei Markertracking werden Muster an dem zu trackenden Gegenstand angebracht, die von Bildverarbeitungssystemen erkannt werden können. In dem aufgenommenen Bild werden die Marker erkannt und daraus die Position und Orientierung berechnet. Prinzipiell gibt es zwei verschiedene Typen von Markern, reflektierende und Marker mit Mustern.

Reflektierende Marker

Reflektierende Marker bestehen häufig aus retroreflektiven Materialien, die das Licht in die Richtung reflektieren, aus der es kommt. Nummernschilder in Deutschland sind mit einer derartigen Oberfläche versehen, damit sie auf Bildern bei Geschwindigkeitsmessungen gut erkennbar sind. Durch die retroreflektive Eigenschaft der Oberfläche können die oft zur Beleuchtung verwendeten Blitze direkt an der Kamera angebracht werden. Meist werden Kugeln für diese Art von Tracking verwendet. Mindestens zwei Kameras sind notwendig um von einer Kugel unbekannter Größe eine 3-D-Position zu berechnen. Blitz und Kamera sind synchronisiert, das beleuchtete Bild wird aufgenommen und es wird nach der (oder den) hellsten Stellen im Bild gesucht. Aus den X-Y-Positionen wird die 3-D-Position im Raum errechnet. Dafür muss die Lage der Kameras zueinander bekannt sein. Dies wird durch eine sog. *Raumkalibrierung* erreicht, dazu gleich mehr.

Werden mehrere dieser Markerkugeln in einer verwindungssteifen Struktur aneinandergefügt, entsteht, wie in Abb. 3.1 gezeigt, ein Markertarget, oft Baummarker genannt. Damit kann das Trackingsystem neben der Position auch Rotationen liefern. Die Berechnung der Drehung im Raum erfolgt durch Abbildung der im Voraus bestimmten Abstände der Kugeln zueinander. Der Ursprung des lokalen Koordinatensystems des Trackingtargets wird nach einem definierten Algorithmus in einer der Kugeln oder im Schwerpunkt aller Kugeln platziert. Die vom Trackingsystem gelieferte Position und Orientierung hat alle sechs möglichen Freiheitsgrade, wir haben einen sog. 6 dof (degree of freedom)-Tracker. Position und Orientierung zusammen werden *Pose* genannt.

Die Raumkalibrierung wird über ein im Trackingsystem fest einprogrammiertes Kalibrierset durchgeführt. Oft ist dies ein Winkel mit mehreren Markerkugeln, deren Abstände vermessen und im System gespeichert sind. Die Kameras erkennen dieses Kalibrierset, bestimmen die extrinsischen und intrinsischen Kameraparameter und platzieren den Ursprung des Trackingvolumens, der meist an Stelle einer der Kugeln des Kalibriersets liegt. Die Posen der getrackten Markertargets werden relativ zu diesem Ursprung ausgegeben.

Vorteile von optischem retroreflektivem Markertracking sind die Unabhängigkeit von jeder Art elektromagnetischer Felder und der oft einfache Aufbau des Systems. Nachteilig kann sich auswirken, dass sich einzelne Kugeln von Markertargets gegenseitig verdecken oder dass der Benutzer das

Abb. 3.1. Baummarker mit retroreflektiven Markerkugeln

Sichtfeld einer oder mehrerer Kameras verdeckt. Zusätzlich kann es problematisch sein, am zu trackenden Objekt ein Target anzubringen.

Systeme, die derartige Marker tracken, sind z.B. bei der Firma ART[1], von Naturalpoint [2] oder von NDI[3] erhältlich.

Marker mit Mustern

Die zweite Variante von Markertracking verwendet 2-D-Muster ohne Rotationssymmetrien, sog. Flachmarker. Ab-

---

[1] ART: `http://www.ar-tracking.de/`

[2] Naturalpoint Optitrack: `http://www.naturalpoint.com/optitrack/`

[3] NDI: `http://www.ndigital.com/`

bildung 3.2 zeigt den wohl bekanntesten Flachmarker überhaupt, den Hiro Marker des AR Toolkit. Die Muster können verschiedene Formen haben, meist werden rechteckige oder quadratische Muster verwendet. Prinzipiell erfolgt die Bestimmung der Pose eines Rechteckmarkers nach dem folgenden Algorithmus. Eine Kamera nimmt eine Szenerie auf und sucht nach Kanten zwischen stark unterschiedlichen Farb- oder Helligkeitswerten. Wenn der Marker einen weißen Rand hat, kann die Bildverarbeitung einfach den rechteckigen Markerbereich bestimmen. Aus den Kanten werden die Eckpunkte ermittelt und daraus wird die Neigung gegenüber der Kamera ermittelt. Das Muster im Inneren des schwarzen Bereiches wird benutzt, um die Drehung um die vertikale Achse des Markers zu ermitteln. Ohne ein Muster könnte die Rotation nur bis zu 90 Grad bestimmt werden, ist ein Muster ohne Rotationssymmetrien vorhanden, können Rotationen ohne Einschränkung bestimmt werden. Ist zusätzlich die Kantenlänge des Markers bekannt, kann das Trackingsystem zusätzlich die Entfernung bestimmen und damit die 3-D-Lage des Markers ausgeben. Neben schwarzen Mustern werden in verschiedenen Systemen auch Farbkodierungen genutzt.

Der Ursprung des Trackingkoordinatensystems liegt bei solchen Flachmarkertrackern üblicherweise in der Kamera. Hier wird im Allgemeinen eine Pinhole-Kamera angenommen. Auf diese Art und Weise können die Trackingdaten direkt in 3-D-Renderingsysteme (z.B. OpenGL) übernommen werden.

Flachmarker können theoretisch maximal um 90 Grad in jede Richtung gegenüber der Kamera gekippt werden. Fügt man sechs Flachmarker zu einem Markerwürfel, vgl. Abb. 3.3, zusammen, kann aus jeder Lage getrackt werden. Allerdings unterscheiden sich die Posen der sechs Flachmarker. Üblicherweise wird auf jede Einzelpose eine stati-

Abb. 3.2. Flachmarker des AR Tookit

sche Transformation aufgerechnet, die den Punkt entlang des Normalenvektors zur Oberfläche so verschiebt, dass der resultierende Punkt im Schwerpunkt des Würfels liegt.

Als nachteilig kann bei Markertrackern angesehen werden, dass gerade bei einfacheren Systemen die Leistung stark von der Beleuchtung abhängig ist und dass der Marker nicht teilweise verdeckt sein darf. Das trifft besonders bei Markerwürfeln auf, weil sie üblicherweise direkt in der Hand gehalten werden. Allerdings können Flach- und Würfelmarker mit einem Griff versehen werden, um dieses Problem zu umgehen. Als Vorteil kann klar gesehen werden, dass diese Trackingsysteme einen kostengünstigen Einstieg in das Tracking ermöglichen. Neben einer Kamera, eine Webcam reicht für den Einstieg aus, wird das Bildverarbeitungssys-

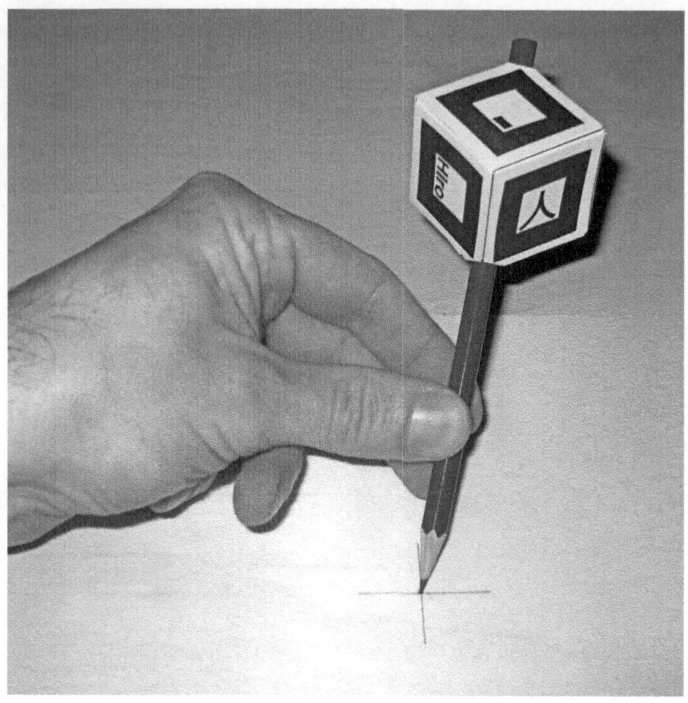

Abb. 3.3. Markerwürfel an einem Zeigegerät

tem benötigt. Verschiedene Implementierungen sind frei im Internet verfügbar.

Bekannte und verbreitete Flachmarker Trackingsysteme sind das AR-Toolkit[4], das AR Toolkit Plus[5], ARTag[6], Ubitrack[7] und Cantag[8].

Markerloses Tracking

Markerloses Tracking greift nicht auf zusätzliche Marker zurück, sondern nutzt natürliche Merkmale (Features) auf oder an dem zu trackenden Gegenstand. Derartige Systeme stellen eine Königsdisziplin dar. Es soll kein Bedarf für zusätzliche Marker bestehen, das Bild der Umgebung allein muss ausreichen, um daraus die notwendigen Daten zur Lagebestimmung zu gewinnen.

Es gibt eine Vielzahl von Ansätzen für markerloses Tracking. Einige Systeme verwenden 3-D-Modelle des zu trackenden Objektes. Dieses muss zuerst einkalibriert werden, damit das System ein internes Modell verwenden kann. Andere Systeme nutzen ein breites Spektrum an Methoden der Bildverarbeitung, um sog. Feature-Points zu finden. Diese können Kanten und Ecken oder Farb- und Kontrastunterschiede verwenden.

Mehrere solcher gefundener Features werden benutzt, um die relative Pose der Kamera zu ermitteln. Durch das Zusammenfassen mehrerer gefundener Features können Punkte und Ebenen bestimmt werden. Damit können virtuelle Objekte relativ zu diesen Punkten platziert werden.

---

[4] AR Toolkit: `http://www.hitl.washington.edu/artoolkit/`

[5] AR Toolkit Plus: `http://studierstube.org/handheld_ar/artoolkitplus.php`

[6] ARTag: `http://www.artag.net/`

[7] Ubitrack: `http://campar.in.tum.de/UbiTrack/WebHome`

[8] Cantag: `http://www.cl.cam.ac.uk/research/dtg/research/wiki/Cantag`

Markerloses Tracking ist gewissermaßen die Kür der Bildverarbeitung. Systeme sind sehr stark vom Umgebungslicht, also von der Art und Richtung der Beleuchtung, abhängig. Grenzwerte können nicht fest gewählt, sondern müssen dynamisch immer neu evaluiert werden. Außerdem müssen Features im Bild vorhanden sein. Auf einer rein weißen Wand werden die meisten Systeme keine Daten mehr liefern können. Auch ist die Deformierbarkeit von vielen alltäglichen Gegenständen problematisch für markerloses Tracking. Verändert ein Träger von Features seine Form, z.B. ein Baum durch Wind, können diese Daten nicht mehr in die Bestimmung von Parametern, wie z.B. der Positionsbestimmung gegenüber dem Boden, einfließen.

Es gibt eine Vielzahl von markerlosen Trackingsystemen. Momentan können sowohl die Systeme von Klein et al. für Workstations [35] und für Handys [36] als auch das System von Wagner [66] als Vorreiter in diesem Bereich angesehen werden.

3.1.2 Inertialtracking

Während die bisher beschriebenen Trackingsysteme Posen in einem Bezug zu einem Ursprung bestimmen, liefern Inertialtrackingsysteme Posen relativ zu ihrem Startpunkt. Es gibt zwei Arten von inertialen Systemen, Beschleunigungsmesser und Neigungsmesser.

Beschleunigungsmesser, sog. Accelerometer, messen die Beschleunigung, indem sie die Kraft auf eine Masse bestimmen. Daraus wird eine Beschleunigung errechnet, die wiederum in eine Translation umgerechnet werden kann.

Neigungsmesser messen eine Kippbewegung. So kann an einem Kreiselkompass (Gyroskop) das Drehmoment gemessen werden, wenn er aus seiner ursprünglichen Lage bewegt wird. Daraus kann der Winkel errechnet werden, um den das Gyroskop gekippt wurde. In Flugzeugen finden z.B. Lasergyroskope Verwendung, die für den Einsatz in AR-Anwendungen aufgrund ihrer Größe aber oft nicht geeignet sind. Rotationsaccelerometer (Drehbeschleunigungsmesser) können ebenso Rotationen liefern, sind jedoch aufgrund ihrer Baugröße eher für AR-Anwendungen geeignet.

Accelerometer und Rotationsaccelerometer sind inzwischen als mechanisch-elektronische Bauteile (Micro-Electro-Mechanical Systems, MEMS) erhältlich und werden z.B. in Mobiltelefonen verbaut.

Der Vorteil, keinen Bezugspunkt zu benötigen und damit unabhängig von externer Hardware zu sein, ist gleichzeitig auch ein Nachteil. Es existiert kein fester Ursprung, zu dem die Lage in Relation gesetzt werden kann. Weiterhin liefern diese Systeme immer ein Delta zum vorherigen Wert. Sie neigen bei längerer Laufzeit zu einer Drift.

Zu Anbietern von Inertialsystemen gehören unter anderem Xsens[9] und Intersense[10]. Mittlerweile sind im Hobbybereich verschiedenste Inertialsysteme, meist zur Lagestabilisierung von Modellflugzeugen, erhältlich. Hier sei, um ein Beispiel zu geben, die Palette von Sparkfun[11] genannt.

3.1.3 Magnetisches Tracking

Das wohl bekannteste System für magnetisches Tracking ist der Magnetkompass. Magnetisch reaktiv, richtet er sich nach einem Magnetfeld aus. Dies kann das Erdmagnetfeld sein oder ein künstlich aufgebautes Magnetfeld. Der normale Magnetkompass kann zunächst nur einen Richtungsvektor angeben, eine Drehung um zwei Achsen. Sind zusätz-

---

[9] XSens: `http://www.xsens.com/en/homepage-de`

[10] Intersense: `http://www.intersense.com/`

[11] Sparkfun: `http://www.sparkfun.com/commerce/categories.php?c=85`

lich Daten über Form und Stärke des Magnetfeldes bekannt, können weitere Freiheitsgrade bestimmt werden. Das ist mit dem Erdmagnetfeld nicht möglich. Es wird durch die Sonne, die Form der Erde und das Vorhandensein von störenden magnetischen Materialien beeinflusst und hat keinen exakten Verlauf. Künstlich induzierte Felder hingegen bieten die Möglichkeit der Lagebestimmung, sofern der zu trackende Raum selbst frei von magnetischen Materialien ist. Magnetisches Tracking bietet den Vorteil, dass keine direkte Sichtlinie zwischen Sender und Empfänger vorhanden sein muss – Verdeckung stellt kein Problem dar.

Als Beispiele für ein magnetisches 6 dof Trackingsystem seien hier das Flock of Birds der Firma Ascension[12] und die Produkte von Polhemus[13] genannt.

3.1.4 Laufzeitbasiertes Tracking

Unter laufzeitbasiertem Tracking versteht man Systeme, die das umgebende Medium als Überträger eines Signales von einem (oder mehreren) Sendern verwenden. Die Laufzeit in diesem Medium wird gemessen und daraus die Position errechnet.

Global Positioning System

Das wohl bekannteste derartige System ist GPS. Daneben existieren Glonas und bald Galileo. Die im Weltall platzierten Satelliten senden ihre Position und hochgenaue Zeitsignale aus, die mit einem GPS-Empfänger empfangen und ausgewertet werden. Aus den einzelnen Laufzeiten kann die

---

[12] Ascension Technology Corporation: `http:// ascension-tech.com/`

[13] Polhemus: `http://www.polhemus.com/`

Position ermittelt werden. Werden drei Satelliten empfangen und liegt eine Höheninformation vor, kann die Position bestimmt werden. Wird das Signal eines vierten Satelliten empfangen, kann durch drei Satelliten die Position bestimmt werden. Der vierte Satellit dient dabei zur Bestimmung der genauen Zeit des Empfängers. Bewegt sich der Empfänger, kann zusätzlich die Bewegungsrichtung durch mathematische Ableitung der Positionen ermittelt werden.

GPS-Empfänger sind als elektronische Bauteile erhältlich und werden unter anderem in Mobiltelefonen verbaut. Sie eignen sich allerdings nur für relativ grobes Tracking, die effektive Ortsgenauigkeit liegt im Meterbereich. Diese Messungenauigkeit kommt überwiegend von atmosphärisch bedingten Schwankungen in der Signallaufzeit (vor allem durch die Ionosphäre) und von Schwankungen in der Satellitenumlaufbahn. Auch die Richtungsangabe, die nur zwei Freiheitsgrade angibt, ist ungenau, da sie aus der Ableitung der Positionsangaben berechnet wird.

GPS-Systeme eignen sich besonders für den Außenbereich. Mobile und weitläufige AR kann GPS verwenden, um einerseits ein genaueres Tracking zu initialisieren oder um zumindest eine ungefähre Position zu geben. Problematisch wird der Umgang mit GPS in der Nähe von größeren Gebäudestrukturen, Reflektionen von diesen Strukturen können das Signal verfälschen. Nahezu unmöglich ist es, GPS innerhalb von Gebäuden zu verwenden, das Signal wird zu stark abgeschirmt.

Verbesserung mit Korrektursignalen

Es gibt verschiedene Ansätze, die Genauigkeit von GPS-Systemen zu verbessern. Unter den Abkürzungen WAAS (Wide Area Augmentation System), EGNOS (European Geostationary Navigation Overlay Service) und MSAS (Multi-Functional Satellite Augmentation System) werden Prinzipien verwendet, die alle unter den Sammelbegriff SBAS (Satellite Based Augmentation Systems) fallen. Bei diesen Systemen werden auf der Erde zusätzliche Messstationen aufgebaut, deren Position exakt bekannt ist. Diese Stationen empfangen das normale GPS-Signal, womit die Station die Differenz zwischen der über GPS bestimmten und der tatsächlichen Position erkennen kann. Diese Daten werden wieder an Satelliten, meistens geostationär platziert, gesendet und über ein GPS-ähnliches Signal auf derselben Frequenz wieder verteilt. Damit können die geostationären Satelliten zur Positionsbestimmung verwendet werden. Zudem werden die gesendeten Informationen im GPS-Empfänger dazu verwendet, die Genauigkeit der Positionsbestimmung zu verbessern.

Andere Ansätze verwenden rein bodengebundene Stationen. Das sog. differenzielle GPS (dGPS) verbessert seine Position durch ein zusätzliches Korrektursignal von einem Funksender. Dieses kommt von einer stationären Referenzstation auf der Erde. Durch den festen und genauen Standort dieser Station kann die Station die eigentliche Laufzeit des Signals, die Zeit vom Satelliten bis zum Erreichen der Referenzstation, mit der wirklich verbrauchten Zeit vergleichen und die zeitliche Differenz, das Korrektursignal, errechnen. So kann die Genauigkeit auf die Größenordnung von Dezimetern, und mit hochgenauen Systemen sogar auf Zentimeter, verbessert werden.

Andere laufzeitbasierte Systeme

Die Ausbreitungsgeschwindigkeit in Transportmedien kann ebenso für andere Formen des Trackings verwendet werden. So gibt es z.B. akustische Trackingsysteme. Zwei Varianten werden hier unterschieden: der rein laufzeitbasierte Ansatz ((Time of Arrival (TOA) oder Time Difference of

Arrival, TDOA) und der Ansatz, Geräuschmuster zu vergleichen (Location Template Matching, LTM).

Bei reinem laufzeitbasiertem Tracking senden mehrere Lautsprecher oder Aktuatoren Signale aus, die von einem Mikrofon aufgenommen werden. Aus der Phasenverschiebung der Signale oder aus unterschiedlichen Signalen wird die Position trianguliert.

Für den Vergleich von Geräuschmustern müssen vorher Muster aufgenommen werden, die Geräusche an verschiedenen Punkten beinhalten. Diese werden mit einem neu aufgenommenen Geräusch verglichen. Die Klopfposition wird zwischen den Referenzmustern interpoliert.

Zum laufzeitbasierten Ansatz soll das System von Paradiso et al. [48] vorgestellt werden. An den Ecken einer großen Glasscheibe haben Paradiso et al. vier piezoelektrische Abnehmer angebracht. Aus den aufgenommenen Amplituden, Frequenzen und Zeitdifferenzen wird nicht nur die Position bestimmt, sondern es wird zusätzlich versucht zu ermitteln, wie die Scheibe berührt wurde. So kann direktes Klopfen von einem Metallgegenstand oder von einem Faustschlag unterschieden werden.

Auch optische Systeme verwenden laufzeitbasierte Ansätze. Solche Systeme benutzen Laser oder gepulste eingebaute Lichtquellen, um aus dem vom Zielpunkt reflektierten Licht durch Laufzeit oder Phasenverschiebung den Abstand zu errechnen. Tachymeter, wie sie oft in der Flurvermessung genutzt werden, messen die Distanz und können aus den Einstellwinkeln gegenüber der vertikalen Ausrichtung die Position ermitteln. Allerdings eignen sich solche Geräte aufgrund der manuellen Bedienung nicht für Tracking. Räume oder Gegenstände können damit allerdings sehr gut vermessen werden, um z.B. Bezugspunkte festzulegen.

3.1.5 Mechanisches Tracking

In manchen Einsatzorten kann eine direkte mechanische Verbindung zwischen dem zu trackenden Gegenstand und der Umgebung genutzt werden, um dessen Position und Lage zu bestimmen. Es gibt Systeme mit Seilzügen, mit Dreh- und Rotationseinheiten an Achsen und roboterartige Messsysteme. Derartige Systeme können, wenn darauf ausgelegt, als Force-Feedback Geräte benutzt werden. Im Allgemeinen geht dies auf Kosten der Genauigkeit, da durch das Ausüben von geräteinternen Kräften Scher- und Traktionsverbiegungen entstehen.

Ein auf Seilzügen basierendes System wurde von Kim et al. [34] entwickelt und ist eigentlich ein Force-Feedback-Gerät. Ein Griff, der durch acht Seilzüge mit einem Rahmen verbunden ist, kann vom Benutzer frei bewegt werden. Durch die unterschiedlichen Längen der Seilzüge werden die Position und die Rotation des Griffes bestimmt. Gleichzeitig können die Seilzüge gespannt werden, um Gegenkräfte aufzuschalten.

Ein hochgenaues Trackingsystem, das einen roboterähnlichen Messarm verwendet, ist der FaroArm[14].

3.1.6 Prinzipien des Trackings

Nachdem wir uns einen Überblick über diverse Trackingsysteme gemacht haben, sollten wir einen Blick auf zwei Prinzipien des Trackings werfen: Inside-Out Tracking und Outside-In Tracking. Zunächst einmal geht es hier nur um den Unterschied im Aufbau des Trackingsystems. Das hat letztendlich einige Auswirkungen auf die resultierende Anwendung. Je nach Anforderungen an das System sind beide

---

[14] Faro: `http://www.faro.com/`

Varianten oder nur eine möglich. Sind beide möglich, ist abzuwägen, ob beide oder nur eine umgesetzt werden sollen. Wenn nur eine realisiert werden soll, ist zu entscheiden, welche besser für die gewünschten Anforderungen geeignet ist.

Als *Inside-Out* Tracking-Systeme werden solche Systeme bezeichnet, bei denen „das bewegte Objekt" seine Trackingdaten selbst ermittelt. Der umgebende Raum dient ausschließlich zur Erlangung dieser Daten. Im Raum befinden sich entweder unabhängige Sender oder Marker oder der Raum selbst wird, z.B. bei markerlosem Tracking, verwendet, um diese Daten bereitzustellen.

Systeme, die auf dem Prinzip des Inside-Out Trackings aufbauen, sind GPS, Markertrackingsysteme, bei denen die Kamera selbst bewegt wird, oder Inertialsysteme. Bei GPS sind die Satelliten die Sender – sie haben keinerlei Wissen über den jeweiligen Empfänger, sie senden kontinuierlich Daten aus. Markertrackingsysteme, bei denen die Kamera bewegt wird, verwenden im Raum platzierte Marker, um ihre eigene Pose zu ermitteln. Vorteilhaft bei Inside-Out-Kamerasystemen sind, unter bestimmten Voraussetzungen, geringere Winkelfehler und die Möglichkeit, das aufgenommene Bild auch zur Überlagerung zu verwenden. Inertialsysteme greifen auf einen Anfangsstatus zurück und sind von physikalischen Bedingungen abhängig.

Bei *Outside-In* Trackingsystemen ist das Verhältnis umgekehrt. Das getrackte Objekt selbst hat keinerlei Kenntnis über seine Pose. Das zur Positionsbestimmung aktive System ist im umgebenden Raum installiert und versorgt das AR-System mit den notwendigen Trackingdaten.

Beispiele für diese Art von Systemen sind Markertrackingsysteme, bei denen die Kameras im umgebenden Raum installiert sind. Die Kameras sind im Raum verteilt und tracken ein passives Objekt, den Marker.

Da Kameras und Sensoren im Allgemeinen teurer sind als passive Marker, steigt mit der Weitläufigkeit der AR-Anwendung die Verwendung des Inside-Out Tracking-Prinzips.

3.2 Kalibrierung und Registrierung

Durch den Einsatz von Trackingsystemen kommen weitere Koordinatensysteme ins Spiel. Diese Koordinatensysteme müssen aufeinander abgebildet werden, um eine korrekte Überlagerung der virtuellen Objekte auf das getrackte Objekt zu gewährleisten. Den dazu gehörenden Prozess nennt man *Registrierung*. Eine Registrierung ist beim Einsatz eines Trackers notwendig, um dessen Pose-Daten, die relativ zum Ursprung des Trackingsystems geliefert werden, auf das Koordinatensystem des Renderers umzurechnen. Eine Registrierung ist in manchen Fällen ebenso notwendig, um den Augpunkt des Renderers relativ zum (getrackten) Display auszurichten. Generell müssen für kamerabasierte AR-Anwendungen verschiedene Parameter bestimmt werden, um z.B. die Verzerrung der eingebauten Linsen zu kompensieren. Die dazu notwendigen Schritte fallen unter den Begriff der *Kalibrierung*.

3.2.1 Korrektur der Linsenverzerrung

Bevor mit einem Kamerasystem getrackt werden kann, muss die Kamera durch eine Kamerakalibrierung selbst vermessen und kalibriert werden. Das ist notwendig, weil die in der Kamera verbauten Linsen das Bild in der Regel so verzerren, dass es nicht dem Modell einer Lochkamera gleicht. Es gibt unter anderem radiale und tangentiale Verzerrungen, welche den größten Einfluss auf das Bild haben. Bei der radialen Verzerrung streckt oder staucht die Linse das

Bild, je weiter der aufgenommene Punkt von der Mitte der Linse entfernt ist. Abbildung 3.4 zeigt die zwei Arten der Verzerrung, die durch eine Linse erzeugt werden können: eine tonnenförmige oder eine kissenförmige Verzerrung. Bei der tangentialen Verzerrung verschieben sich die abgebildeten Bildpunkte entlang der Tangente eines Kreises um den Mittelpunkt der Linse. Da der Bildsensor der Kamera nicht immer mittig hinter der Linse platziert ist, muss dieser Punkt nicht notwendigerweise in der Mitte des CCD-Sensors liegen. Somit ist die Verzerrung nicht symmetrisch gegenüber der Bildmitte. Weitere Einflüsse sind die Qualität der Linse, also wie genau sie gearbeitet ist. Ungenauigkeiten in der Oberfläche verzerren das Bild bzw. lassen es unscharf werden.

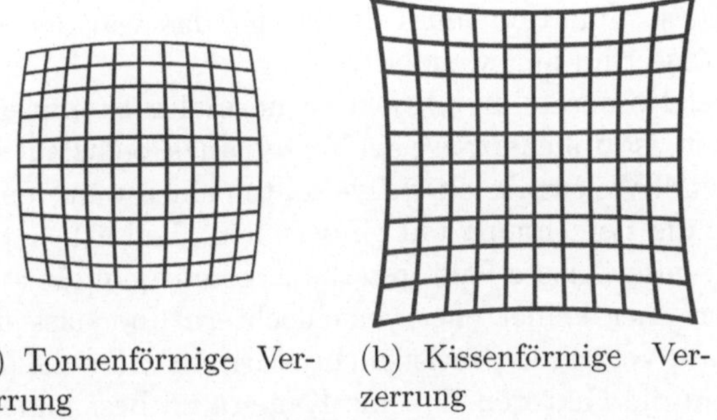

(a) Tonnenförmige Verzerrung   (b) Kissenförmige Verzerrung

Abb. 3.4. Beide Richtungen der möglichen Verzerrungen einer Linse

Vor allem die radiale Verzerrung muss kompensiert werden, wenn das Kamerabild für genaues Tracking und Bildüberlagerung verwendet werden soll.

Beschrieben wird eine radiale Verzerrung durch die Funktionen

$$x_u = x_d + (x_d - x_c)(K_1 r^2 + K_2 r^4 + ...)$$

$$y_u = y_d + (y_d - y_c)(K_1 r^2 + K_2 r^4 + ...)$$

wobei

x_u, y_u nichtverzerrte Bildpunkte
x_d, y_d verzerrte Bildpunkte
K_n n-ter Verzerrungskoeffizient
r $= \sqrt{(x_d - x_c)^2 + (y_d - y_c)^2}$
x_c, y_c Zentrum der Verzerrung (Center of Distortion)

ist. Diese Funktion muss direkt auf das von der Kamera erhaltene Bild angewendet werden.

Bei Kameras, die Objektive normaler Brennweite verwenden, ist üblicherweise ein Verzerrungskoeffizient K_1 ausreichend. Weitwinkelobjektive sollten einen weiteren Faktor K_2 in die Berechnung mit einbeziehen. Tsai [64] hat festgestellt, dass weitere Faktoren die Ergebnisqualität aufgrund numerischer Fehler eher verschlechtern und dass die tangentiale Verzerrung meist nicht stark ins Gewicht fällt.

Um die Faktoren für eine Kamera zu bestimmen, wird üblicherweise ein spezielles Schachbrettmuster, ein sog. Kalibrierpattern mit exakten Größen und Abständen, aus verschiedenen Perspektiven aufgenommen. Durch Kantenextraktion und im Programm hinterlegte Abstände der Schnittpunkte werden die gesuchten Faktoren ermittelt. Die einzelnen Schritte dieser Kalibrierungsprozedur werden, neben zahlreichen anderen Publikationen, auch von Tsai [64] beschrieben, der einen der ersten Ansätze zur Lösung dieses Problems beschrieben hat.

Eine Implementierung für die Kamerakalibrierung gibt es in AR Toolkit[15]. Eine weitere Implementierung existiert von Reg Willson[16].

Neben der Rektifizierung des Kamerabildes ermitteln die meisten Implementierungen zusätzlich die intrinsischen Kameraparameter. Die berechnete Matrix enthält dabei meist Einträge in den ersten beiden Zeilen der dritten Spalte. Diese Werte beschreiben den sog. *Principal Point*, das eigentliche Zentrum des projizierten 2-D-Bildes. Die virtuelle Kamera blickt nicht mehr exakt entlang der negativen Z-Achse, stattdessen blickt sie leicht schräg. Dieser Versatz wird durch die nicht exakt mittige Positionierung von Linse und CCD-Chip erzeugt. Wir werden uns später, in Abschnitt 3.2.5, genauer mit dem Versatz des Frustums befassen.

3.2.2 Spitzenkalibrierung

Einige der folgenden Registrierungsprozeduren erfordern die Angabe von Punkten im Raum. Üblicherweise wird dazu ein Messtaster verwendet, ein Zeigegerät ähnlich einer vergrößerten Nadel. Bei Flachmarkertrackingsystemen wird oft ein Markerwürfel verwendet, um das Zeigegerät in jeder Lage tracken zu können. Der Halte- und Zeigegriff ist an einem Ende angespitzt. Abbildung 3.3 zeigt ein solches Zeigegerät, gebaut aus einem Markerwürfel und einem Bleistift, der durch die Raumdiagonale führt.

---

[15] AR Toolkit Kamera Kalibrierung: `http://www.hitl.washington.edu/artoolkit/`

[16] Reg Willson's Implementierung nach Tsai: `http://www.cs.cmu.edu/~rgw/TsaiCode.html`

Um mit dieser Spitze einen Punkt (nur Translation, keine Orientierung) im Raum beschreiben zu können, muss die statische Transformation vom Markerwürfel zur Spitze gefunden werden. Die dazu notwendigen Schritte nennt man Spitzenkalibrierung. Das Prinzip der Spitzenkalibrierung basiert auf der Beschreibung einer Kugeloberfläche. Die Spitze wird stets auf einem festen Punkt gehalten. Mit dem Marker am anderen Ende werden verschiedene Kreisbewegungen durchführt. Um die Spitze an einem Punkt halten zu können, dient ein auf dem Tisch fixiertes Brett mit einem kleinen Loch, in dem die Zeigespitze, wie in Abb. 3.3 dargestellt, fixiert ist. Aus den Koordinaten auf der Kugeloberfläche kann der Mittelpunkt des Kreises bestimmt werden. Daraus wird die Transformation errechnet, die auf die Trackingkoordinaten des Markers aufmultipliziert werden muss, um die Position der Spitze zu erhalten.

Die Berechnung erfolgt in der folgenden Art und Weise. Sei t_{offset} die Translation zwischen Marker und Spitze. Weiterhin sei t_m die Position und R_m die Rotation des Markers. Das Beschreiben der Kugeloberfläche liefert eine große Zahl von Lagedaten, darum sei i ein Wert aus der Menge der aufgezeichneten Werte. Sofern die Spitze stets an derselben Position steht, erfüllen die Messpunkte i die folgende Gleichung, wobei t_{tip} die Spitze des Messtasters ist.

$$\begin{pmatrix} t_{tip} \\ 1 \end{pmatrix} = \begin{pmatrix} R_{m^i} & t_{m^i} \\ 0 & 1 \end{pmatrix} \begin{pmatrix} t_{offset} \\ 1 \end{pmatrix}$$

Da t_{tip} und t_{offset} konstant, aber unbekannt sind, kann das folgende Gleichungssystem der Form $Ax = b$ aufgestellt werden.

$$\begin{pmatrix} R_{m^1} & -I_{3x3} \\ R_{m^2} & -I_{3x3} \\ \vdots & \vdots \\ R_{m^n} & -I_{3x3} \end{pmatrix} \begin{pmatrix} t_{offset} \\ t_{tip} \end{pmatrix} = \begin{pmatrix} -t_{m^1} \\ -t_{m^2} \\ \vdots \\ -t_{m^n} \end{pmatrix}$$

Dabei ist I_{3x3} die 3x3 Einheitsmatrix. Diese beiden Unbekannten können direkt durch Lösen dieses deutlich überbestimmten Gleichungssystems bestimmt werden. Hierzu eignet sich die Methode der Singulärwertzerlegung[17] (Singular Value Decomposition, SVD) welche eine Ausgleichslösung nach der Methode der kleinsten Fehlerquadrate[18] (Least Squares Method) bestimmt.

Damit erhalten wir

$$A = U\Sigma V^T$$

Aus den Werten in Σ kann, durch das relative Verhältnis des größten und kleinsten Wertes, die Kondition der Matrix A erhalten werden. Die Kondition gilt als Maß für die Qualität der Lösung und damit der Genauigkeit der Transformation. Dieses Maß variiert, da die Spitze nie eindeutig in derselben Position belassen werden kann und das Trackingsystem Messfehler beinhaltet. Abhängig von der Qualität kann entschieden werden, ob die Kalibrierungsprozedur wiederholt werden sollte oder nicht. Um eine gute Kalibrierung zu erhalten, sollte die Kugeloberfläche großräumig beschrieben werden.

Für die im Weiteren folgenden Registrierungs- und Kalibrierungsmethoden ist die reine Ortsangabe durch den Messtaster ausreichend. Soll hingegen ein vollständiges Zeigegerät umgesetzt werden, kann zusätzlich die Orientierung

---

[17] Singulärwertzerlegung: `http://mathworld.wolfram.com/SingularValueDecomposition.html`

[18] Kleinste Fehlerquadrate: `http://mathworld.wolfram.com/LeastSquaresFitting.html`

für die Übernahme in die Transformation berechnet werden. Die Orientierung des in Abb. 3.3 gezeigten Messtasters kann aus dem Richtungsvektor vom getrackten Schwerpunkt des Markerwürfels zur Spitze bestimmt werden. Dazu muss der Messtaster allerdings exakt gefertigt sein, und der Zeigegriff muss durch den Mittelpunkt des Würfels laufen. Bei anderen Aufbauten ist eine derartige Richtungsangabe nicht auf diese Weise möglich. Der vom Trackingsystem gelieferte Punkt liegt dann nicht notwendigerweise auf dem Vektor Schwerpunkt-Spitze.

3.2.3 Absolute Orientierung

Viele Trackingsysteme platzieren den Ursprung des Trackingkoordinatensystems an einer Stelle im Raum, üblicherweise an dem Ort, an dem die Raumkalibrierung durchgeführt wird. Ort und Lage des Trackingkoordinatensystems sind nicht notwendigerweise gleich dem im System verwendeten Koordinatensystem. Folglich muss die Transformation gefunden werden, mit der Posen des einen Koordinatensystems in die des anderen transformiert werden können. Mit anderen Worten, es gilt, eine *absolute Orientierung* zu finden.

Das Prinzip der absoluten Orientierung basiert auf Korrespondenzen von gemeinsamen Punkten in beiden Koordinatensystemen. Mindestens drei Messpunkte müssen in beiden Koordinatensystemen angegeben werden, um die absolute Orientierung zu berechnen (vgl. Abb. 3.5). Daraus kann auf verschiedenen Wegen die Transformation zwischen beiden Koordinatensystemen berechnet werden, eine Übersicht gibt Philipps [49]. Wir beschreiben hier ausschließlich einen vereinfachten Weg, der in seinen Grundzügen von Horn [27] aufgezeigt wird und drei Messpunkte verwendet. Weitere, und oft bessere Wege zur Berechnung der abso-

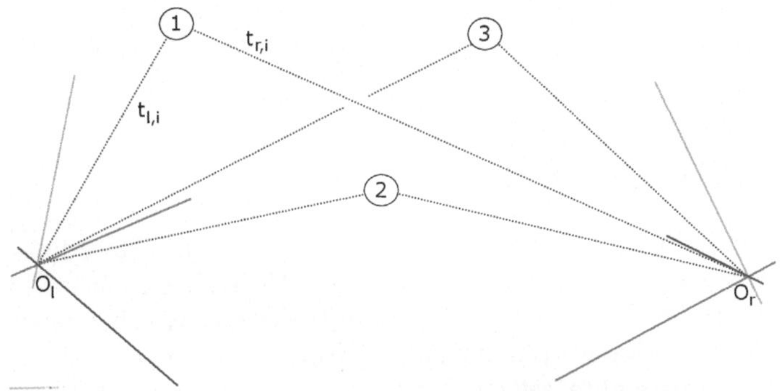

Abb. 3.5. Drei Messpunkte in zwei Koordinatensystemen

luten Orientierung sind erforderlich, wenn die Messpunkte mit Messfehlern behaftet sind oder wenn eine Skalierung mit in die Transformation einfließt. Um diese Wege umzusetzen, verweisen wir auf Philipps und Horn.

Berechnung der Translation

Passend zu Abb. 3.5 seien die drei Messpunkte im linken Koordinatensystem $t_{l,1}$, $t_{l,2}$ und $t_{l,3}$ und analog im rechten $t_{r,1}$, $t_{r,2}$ und $t_{r,3}$.

Zur Berechnung der Translation gilt es zunächst, einen Punkt zu finden, der in beiden Koordinatensystemen rotationsinvariant ist. Die Schwerpunkte der drei Messwerte des linken und des rechten Koordinatensystems erfüllen diese Bedingung.

$$\bar{t}_l = \frac{1}{3}\sum_{i=1}^{3} t_{l,i} \text{ und } \bar{t}_r = \frac{1}{3}\sum_{i=1}^{3} t_{r,i}$$

Somit kann die Translation zwischen beiden Koordinatensystemen durch

$$T = \bar{t}_l - \bar{t}_r$$

beschrieben werden.

Berechnung der Rotation

Durch die drei Messpunkte können wir ein neues Koordinatensystem beschreiben, das auf den Messwerten eines der ursprünglichen Koordinatensysteme beruht. Wir beginnen mit den Messwerten im linken Koordinatensystem. Einer der Messpunkte sei der Ursprung. Der Einheitsvektor $\hat{x}_l$ der neuen X-Achse wird durch den zweiten Messpunkt bestimmt.

$$x_l = t_{l,2} - t_{l,1}$$

$$\hat{x}_l = x_l / \|x_l\|$$

Die Y-Achse $\hat{y}_l$ wird so gelegt, dass der dritte Messpunkt mit der X-Achse in einer Ebene liegt.

$$y_l = (t_{l,3} - t_{l,1}) - ((t_{l,3} - t_{l,1})\hat{x}_l)\,\hat{x}_l$$

$$\hat{y}_l = y_l / \|y_l\|$$

Schließlich wird die Z-Achse als Vektorprodukt der beiden bisher berechneten Richtungsvektoren berechnet.

$$\hat{z}_l = \hat{x}_l \times \hat{y}_l$$

Analog erhalten wir für das rechte Koordinatensystem die Einheitsvektoren $\hat{x}_r$, $\hat{y}_r$ und $\hat{z}_r$. Fassen wir die Einheitsvektoren als Spaltenvektoren in einer Matrix zusammen, erhalten wir

$$M_l = (\hat{x}_l \hat{y}_l \hat{z}_l) \quad \text{und} \quad M_r = (\hat{x}_r \hat{y}_r \hat{z}_r)$$

Mit einem Vektor t_l aus dem linken Koordinatensystem erhalten wir durch

$$M_l^T t_l$$

den Vektor, der diese Position in dem konstruierten Koordinatensystem darstellt. Dies linksseitig mit M_r multipliziert, rechnet den Vektor in Koordinaten des rechten Systems t_r um.

$$t_r = M_r M_l^T t_l$$

Die gesuchte Rotation ist

$$R = M_r M_l^T$$

Beide Berechungsweisen liefern allerdings nur eine korrekte Transformation, wenn exakte Messpunkte vorliegen. Messungenauigkeiten, wie sie eigentlich immer auftreten, generieren einen Fehler, der in die Transformation einfließt. Zur Ermittlung einer genaueren Transformation werden die mittleren quadratischen Fehler[19] zwischen zwei entsprechenden Punktmengen für eine Starrkörpertransformation (rigid-body tranformation) minimiert. Eine größere Anzahl von Messpunkten kann hierbei den Fehler zusätzlich minimieren.

Fließt darüber hinaus eine Skalierung zwischen beiden Koordinatensystemen ein, muss zusätzlich die Rotation in der Berechnung der Translation berücksichtigt werden. Für Lösungsansätze dieser Probleme wird auf Horn [27] verwiesen.

---

[19] Kleinste Fehlerquadrate: `http://mathworld.wolfram.com/LeastSquaresFitting.html`

3.2.4 Hand-Auge-Kalibrierung

Eine Methode der Kalibrierung ist die sog. Hand-Auge-Kalibierung (Hand-Eye Calibration). Die Ursprünge dieser Kalibrierung entstammen der Robotik, wobei eine Kamera (Auge) an der Spitze eines Roboterarmes (Hand) montiert ist. Statt des Roboters wird in der AR oft ein Trackingsystem verwendet. Gesucht ist meist die Transformation zwischen Hand und Auge. In manchen Fällen wird die Transformation vom Roboterkoordinatensystem (vom äußeren Trackingsystem) zum Zielobjekt benötigt, die ebenso mit diesem Ansatz ermittelt werden kann. Abbildung 3.6 zeigt die Zusammenhänge und Transformationen. Das äußere Trackingsystem T trackt den Marker der Hand H. An diesem Marker ist die Kamera, das Auge E, befestigt, die wiederum ein Zielobjekt P trackt.

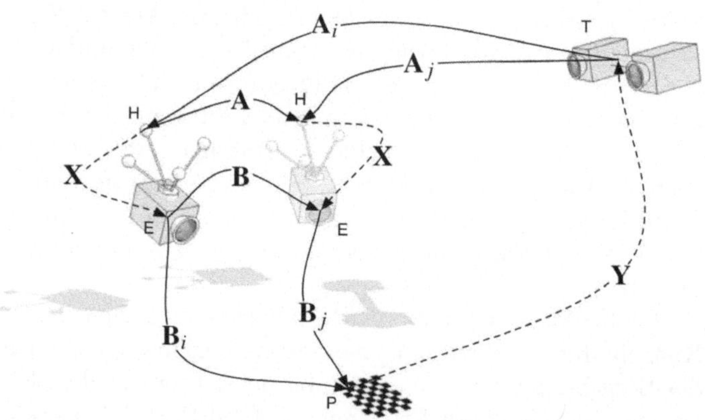

Abb. 3.6. Transformationen einer Hand-Auge-Kalibrierung (Bild mit freundlicher Genehmigung von Martin Bauer)

Vom äußeren Trackingsystem T werden die Transformationen A_x geliefert, die Auge-Kamera E liefert die Transformationen B_y. Unbekannt sind die Transformationen X und Y. Es existieren verschiedene Wege, diese Transformationen, teilweise sogar gleichzeitig, zu berechnen. In den meisten Fällen wird nur die Transformation X benötigt – Y kann auf einfachem Wege nachträglich ermittelt werden.

Zur Berechnung von X muss das Hand-Auge-Konstrukt in mindestens drei verschiedene Posen gebracht werden. Dabei darf weder der äußere Tracker noch das Zielobjekt verschoben werden. Aus den drei Messwerten können zwei Paare von Transformationen, $A = A_j - A_i^{-1}$ und $B = B_j - B_i^{-1}$ ermittelt werden. Damit kann das zu lösende Problem $AX = XB$ konstruiert werden. Die Lösung erfolgt durch Minimierung und kleinste Fehlerquadrate[20]. Lösungen dazu werden unter anderem von Daniilidis [16] und Legnani [37] beschrieben. Erwähnt werden soll darüber hinaus die Arbeit von Tsai und Lenz [63], die sich ursprünglich mit diesem Problem befassten.

Die Hand-Auge-Kalibrierung hat gegenüber der absoluten Orientierung den Vorteil, dass verschiedene Messsysteme kalibriert werden können. Bei der absoluten Orientierung müssen dieselben Punkte von beiden Seiten antastbar sein. Das schränkt die Anwendbarkeit der absoluten Orientierung ein.

3.2.5 Displaykalibrierung

Unter Displaykalibrierung fassen wir alle Methoden zusammen, die bei verschiedenen Arten von Displays notwendig sind, um die Transformation vom Markertarget zum (virtuellen) Augpunkt zu berechnen und um den korrekten FOV

---

[20] Kleinste Fehlerquadrate: `http://mathworld.wolfram.com/LeastSquaresFitting.html`

zu ermitteln. So wie bei Displays drei Typen unterschieden wurden, existieren auch für jeden Typ unterschiedliche Kalibrierungsmethoden.

Displays für mehrere Benutzer

Bei einem Display für mehrere Benutzer ist der Augpunkt fest mit dem Display verbunden. Die Position des Betrachters relativ zum Display wird vernachlässigt. Wie Abb. 3.7 zeigt, blickt man mit dem Display in die Welt, wie man mit einer Kamera in die Welt blickt. Zunächst beschäftigen wir uns mit der Transformation zu einem Augpunkt, wenn das Display als reines VR-Display genutzt werden soll. Anschließend gehen wir auf die Verwendung als Video See-Through Display und damit verbunden auf einen anderen Augpunkt ein.

Soll kein reales Bild mit einem virtuellen Bild überlagert werden, können einige Vereinfachungen an der Kalibrierung genutzt werden. Es gilt, die Transformation vom Markertarget am Display zu einem Punkt vor dem Display zu ermitteln. Dieser Punkt, der Augpunkt der virtuellen Kamera, liegt mittig vor dem Display. Mit einem Zeigegerät werden die vier Eckpunkte t_i des Displays vermessen. Wir behandeln hier den Fall, dass die Messwerte als absolute Werte bezüglich des Ursprungs des Trackingsystems aufgenommen werden. Dabei muss das Display während des Vermessens in derselben Lage bleiben. Aus den vier Messwerten kann der Mittelpunkt bzw. der Schwerpunkt t_s errechnet werden.

$$t_s = \frac{1}{4} \sum_{i=1}^{4} t_i$$

Seien die Punkte t_i im Uhrzeigersinn in der Reihenfolge oben links (t_1), oben rechts (t_2), unten rechts (t_3) und

Abb. 3.7. Der Augpunkt ist relativ zum Display fixiert

unten links (t_4) aufgenommen worden. Die Richtung des dem Nutzer zugewandten Normalenvektors ergibt sich aus dem Vektorprodukt zweier aus den Messpunkten berechneter Vektoren. Wir verwenden hier die beiden längsten Vektoren, um den Fehler, der durch Messungenauigkeiten oder Fehler in der Kalibrierung des Messtasters entsteht, möglichst klein zu halten. Der Normalenvektor t_n ist somit

$$t_n = (t_2 - t_4) \times (t_1 - t_3)$$

Wie weit der Augpunkt am Normalenvektor verschoben wird, hängt vom gewünschten FOV ab. Wird ein 15,4 Zoll Widescreen LCD-Display mit 20,5 cm Bildhöhe als reines VR-Display verwendet, können wir nach Erfahrungswerten einen Abstand zwischen Display und Auge von 40 cm annehmen. Der vertikale FOV wäre dann 28,7 Grad. Zwar hängt der Viewpoint fest am Display, wird das Display jedoch vor die Augen gehalten, entspricht das Sichtfeld ungefähr dem realen Sichtfeld. Bei einer reinen VR-Anwendung ist der Unterschied nicht auffällig, da der Versatz nur an den Displayrändern erkennbar ist. Der Viewpoint liegt somit, bei einer Entfernung d zum Display, bei

$$t_a = t_s + \frac{t_n}{\|t_n\|} d$$

Die Translation t_a beschreibt die Platzierung des Augpunktes in Koordinaten des Trackingsystems.

Nun muss noch die Rotation für die Blickrichtung berechnet werden. Auch hier berechnen wir zunächst die Rotation gegenüber dem Ursprung des Trackingkoordinatensystems. Zunächst ermitteln wir die Richtungsvektoren des Displaykoordinatensystems

$$x_d = (t_2 - t_1)$$

$$y_d = (t_1 - t_4)$$

$$z_d = x_d \times y_d$$

und normalisieren diese:

$$x_{dn} = \frac{x_d}{\|x_d\|}$$

$$y_{dn} = \frac{y_d}{\|y_d\|}$$

$$z_{dn} = \frac{z_d}{\|z_d\|}$$

Die Einheitsvektoren beschreiben eine 3x3 Rotations-
matrix gegenüber der Lage des Ursprungs. Diese können
wir zusammen mit der Translation t_a in eine 4x4 Matrix
einsetzen.

$$T_a = \begin{pmatrix} x_{dn} & y_{dn} & z_{dn} & t_a \\ 0 & 0 & 0 & 1 \end{pmatrix}$$

Die Transformation vom Marker des Displays zum Augpunkt erhalten wir durch linksseitige Multiplikation mit
der Inversen der Markertransformation T_m. Dabei muss die
Markertransformation in derselben Lage bestimmt werden,
in der auch die Messpunkte aufgenommen wurden.

$$T_{ma} = T_m^{-1} T_a$$

Die Matrix T_{ma} müssen in der laufenden Anwendung
auf jedes vom Trackingsystem gelieferte Datum rechtsseitig
aufmultiplizieren, um die Lage des Augpunktes zu ermitteln.

Durch die Verschiebung des Augpunktes auf die Seite
des Benutzers und die Platzierung mittig vor dem Display
haben wir zunächst nur ein VR-Display. Wird eine Kamera auf der Rückseite angebracht, kann das Kamerabild im
Hintergrund des Displays angezeigt werden. Der Augpunkt
sollte somit nicht mehr vor dem Display liegen, sondern er
sollte in die Kamera gelegt werden. Auch sollte der FOV
des Renderingsystems an die intrinsischen Kameraparameter angepasst werden. Wird ein Inside-Out Tracking System, z.B. ein Markertracker, benutzt, ergeben sich die Werte implizit durch die Kamerakalibrierung. Bei Outside-In
Tracking müssen andere Kalibrierungsmethoden, z.B. eine
Hand-Eye Kalibrierung, angewendet werden, um die benötigten Parameter zu erhalten.

Window into the World

Bei Window into the World Displays kann sich der Benutzer
unabhängig vom Display bewegen. Wie in Abb. 3.8 gezeigt,
kann der Benutzer das Display in jede Richtung gegen seine
Sichtachse drehen und kippen. Das auf dem Display darge-
stellte Bild wird immer so angepasst, dass es perspektivisch
richtig zeigt, was im Sichtkegel des Benutzers liegt.

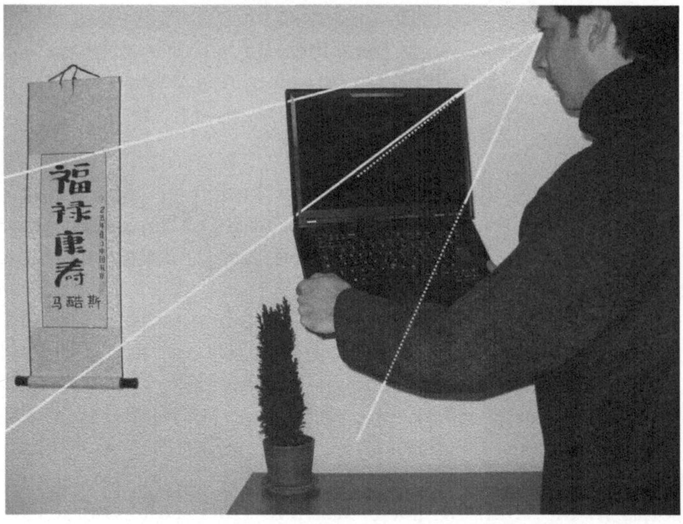

Abb. 3.8. Der Augpunkt und das Display sind unabhängig voneinander frei beweglich, das Display steht nicht senkrecht zur
Blickrichtung des Benutzers

Die Blickrichtung der Kamera ergibt sich bei dieser Art
von Display aus dem Richtungsvektor vom Augpunkt des
Nutzers hin zum Display. Der Abstand zwischen Benutzer

und Display beeinflusst den FOV, die Projektionsmatrix ist nicht länger statisch. Vergrößert der Benutzer den Abstand zum Display, verkleinert sich das Field of View. Kipp- und Schwenkbewegungen des Displays führen zusätzlich zu einem Frustum, das nicht mehr symmetrisch um die negative Z-Achse liegt. Abbildung 3.9 zeigt das schematisch.

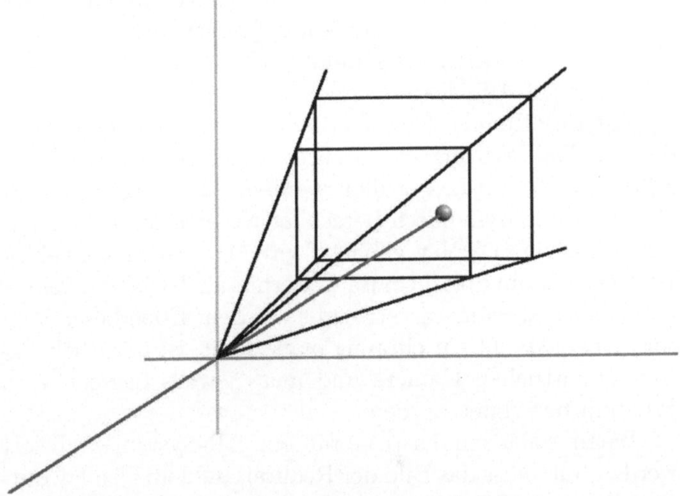

Abb. 3.9. Nicht zur Z-Achse symmetrisches Frustum. Der Schnittpunkt der negativen Z-Achse mit der near clipping plane ist mit einer Kugel markiert

Im Renderingsystem kann das nicht mehr durch die Funktion gluPerspective umgesetzt werden. Diese erzeugt immer ein zur negativen Z-Achse symmetrisches Frustum. Daher muss entweder auf die Funktion glFrustum zurückgegriffen oder direkt eine passende Projektionsmatrix gesetzt werden. Beide Varianten bieten die Möglichkeit, alle vier Seiten der near clipping plane des Frustums zu setzen. Durch das Versetzen des Frustums bleibt die prinzipielle Blickrichtung gleich – es wird immer noch entlang der negativen Z-Achse geblickt. Der Abstand zur near clippling plane bezieht sich weiterhin auf die Länge des Vektors entlang der negativen Z-Achse vom Augpunkt zur near clipping plane. Dabei kann es passieren, dass der Schnittpunkt mit der near clipping plane außerhalb des Frustums liegt. Da das Frustum nicht mehr symmetrisch ist, spricht man hier von einer Off-Axis Darstellung.

Zur Berechnung der Blickrichtung kann auf die Methoden der Kalibrierung von Mehrbenutzerdisplays (vgl. Abschnitt 3.2.5) zurückgegriffen werden. Allerdings muss die Blickrichtung dynamisch berechnet werden, da nicht mehr mittig auf das Display geblickt wird. Der Normalenvektor zur near clipping plane muss weiterhin als Richtungsvektor der virtuellen Kamera verwendet werden. Ebendieser Vektor, der senkrecht zur clipping plane steht, ist der Blickvektor der virtuellen Kamera und muss jeweils passend zum Frustum berechnet werden.

Wenn solch ein Display für ein AR-System realisiert werden soll, muss das Bild der Realität auf dem Display dargestellt werden. Eine Kamera mit einem normalen Objektiv ist hier nicht mehr ausreichend. Stattdessen muss auf ein Fischaugenobjektiv (Fisch-Eye) umgerüstet werden. Damit kann der volle mögliche Sichtbereich von bis zu 180 Grad hinter dem Display aufgenommen werden. Abhängig von der Perspektive muss der richtige Bildausschnitt im Kamerabild gefunden werden. Dieser Bildausschnitt muss perspektivisch korrigiert werden, um im Hintergrund der Szene angezeigt zu werden. Da jeweils nur ein kleiner Bildausschnitt verwendet werden kann, sollte die Kamera eine höhere Auflösung haben, um ein einigermaßen akzeptables Bild liefern zu können.

Head-Mounted Displays

Um HMDs für AR (und VR) zu nutzen, müssen Position und Lage des Augpunktes und die zugehörigen intrinsischen Kameraparameter bestimmt werden. Im Allgemeinen wird davon ausgegangen, dass das Display, wenn es einmal mit der Brille aufgesetzt wurde, nicht gegenüber den Augen verrutscht, FOV und virtueller Augpunkt bleiben statisch gegenüber dem Display. Somit müssen Ort und Lage des oder der Augen (betrachtet als Pinhole-Kamera) getrackt werden. Da dies direkt nicht möglich ist, wird im Allgemeinen der Umweg über einen Marker am HMD verwendet. Auf die vom Trackingsystem gelieferte Transformation muss die Transformation zum gewünschten Augpunkt (vgl. Abb. 3.10) aufgerechnet werden, um die Lage des Augpunktes und die richtige Projektionsmatrix für das Renderingsystem zu erhalten.

Um die zugehörigen Parameter zu bestimmen, gibt es unter anderem die Single Point Active Alignment Method (SPAAM) von Tuceryan und Navab [65]. Die Kalibrierungsmethode basiert auf dem Ansatz, zu einem bekannten 3-D-Punkt den korrespondierenden 2-D-Punkt auf dem Display zu finden. Dazu wird meist ein Markertarget verwendet, dessen Ursprung visuell angepeilt werden kann. Dabei wird dem Benutzer ein Fadenkreuz auf dem HMD angezeigt. Mit dem Fadenkreuz muss der Benutzer durch Kopfbewegung auf den 3-D-Punkt zielen und die Korrespondenz bestätigen. Dieser Peilvorgang muss einerseits aus verschiedenen Blickwinkeln, andererseits in verschiedenen Entfernungen wiederholt werden. Da das HMD und der 3-D-Zielpunkt getrackt sind, können durch diese Kalibiermethode alle benö-

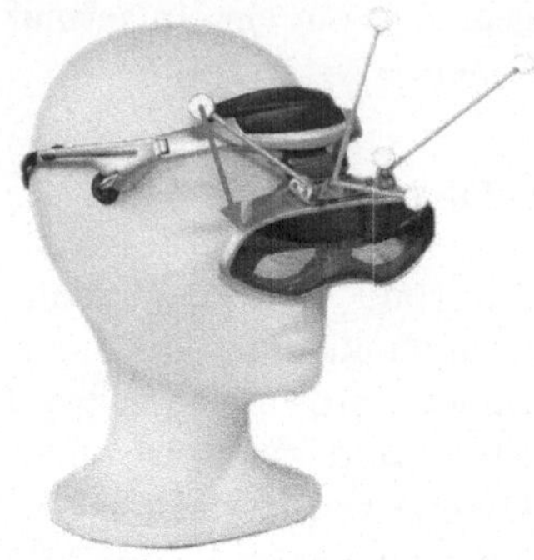

Abb. 3.10. Transformation von der getrackten Position des Markers zum Augpunkt

tigten Parameter für das korrekte Rendering berechnet werden. Der Kalibriervorgang ist relativ schnell durchzuführen und nicht zu belastend für den Benutzer, da er seinen Kopf nicht an einer Stelle fixiert halten muss. Nur beim Zielen muss der Kopf ruhig gehalten werden, während die Korrespondenz bestätigt wird. Prinzipiell würden sechs Punkte zur Berechnung ausreichen. Da jede Messung jedoch mit Fehlern behaftet ist, sollten deutlich mehr Punkte angepeilt werden. Alle Berechnungsschritte für die Kalibrierung sind in dem Artikel von Tuceryan und Navab [65] beschrieben.

3.2.6 Sensorfusion

Werden in einer AR-Anwendung mehrere Trackingsysteme verwendet, müssen die Sensordaten beider Trackingsysteme miteinander fusioniert werden. Die Fusion von Sensordaten ist, wie viele andere Themen in diesem Buch, ein Gegenstand, mit dem eigene Bücher gefüllt werden können. Der

Vollständigkeit halber soll dieses Thema hier angesprochen werden.

Da jedes Trackingsystem, selbst wenn die Ursprünge der Koordinatensysteme perfekt aufeinander abgestimmt wären, die Messwerte ungenau liefert, müssen diese unterschiedlichen Daten zusammengebracht und geglättet werden. Bei dem Stichwort Glätten sollte hier erwähnt werden, dass Systeme zur Sensorfusion auch zum Glätten von Sensordaten eines einzelnen Sensors benutzt werden können. Zwei Prinzipien sollen hier als Einstiegspunkte für die weitere Recherche genannt werden. Zur Fusion eignen sich, neben anderen Techniken, Kalman-Filter und Partikel-Filter die beide zur Klasse der Bayes'schen Filter gehören. Beiden liegen Bewegungsmodelle zugrunde.

Die nach Rudolf Kálmán benannte Filtermethode, das *Kalman-Filter* [32], wurde ursprünglich zur Bestimmung genauer Werte aus mit Fehlern behafteten Messwerten entwickelt. Das Kalman-Filter modelliert, unter der Annahme normalverteilter Messfehler, einen linearen Zustandsraum, bei dem zwischen Zustand und Messung unterschieden wird. Daher gibt es zwei Phasen im Kalman-Filter. Zuerst wird, basierend auf den bisherigen Werten, die mit zunehmendem Alter immer weniger stark in die Berechnung einfließen, eine Prädiktion in die Zukunft gemacht. Bei Erhalt des nächsten Messwertes folgt eine Korrekturphase. Diese Prädiktor-Korrektor-Struktur ermöglicht so, in gewissem Rahmen, eine Vorausbestimmung von Messwerten. Das ursprüngliche Kalman-Filter ist auf lineare Zustandsraummodelle beschränkt. *Erweiterte Kalman-Filter* (EKF) oder auch das neuere *Unscented Kalman-Filter* (UKF) schaffen hier Abhilfe. Welch und Bishop [70] haben einen ausführlichen Beitrag zum Einsatz und zur Verwendung von Kalman-Filtern verfasst.

Ein anderes Prinzip zur Sensorfusion nutzen *Partikel-Filter*, die eine sequenzielle Monte-Carlo-Methode darstellen. Partikel-Filter sind stochastische Verfahren, die auf nicht normalverteilten Räumen mit Wolken von sog. Partikeln arbeiten. Jedes in der Berechnung erzeugte Partikel beschreibt einen Punkt des Zustandsraumes mit einer stochastischen Gewichtung. Jedem einzelnen Partikel wird mittels des stochastischen Modells der Dynamik des Systems eine oder mehrere Lösungskurven zugeordnet. Je nachdem, wie die aus dieser Lösungskurve abgeleiteten Vorhersagen der Messwerte mit den im Weiteren gemessenen übereinstimmen, wird das Gewicht der Partikel angepasst. Daraus ergibt sich in sequenzieller Weise eine verbesserte Schätzung der Entwicklung der Wahrscheinlichkeitsdichte im Zustandsraum. Die Anwendung derartiger Filter wird von Gordon et al. [24] beschrieben. Für eine Übersicht über mögliche Anwendungen und die Integration von Partikel-Filtern sei auf Gustafsson et al. [26] verwiesen. Ein Tutorial zur Verwendung von Partikel-Filtern geben Doucet und Johanson [18].

3.3 Visuelle Störeffekte und andere Probleme

Auf der einen Seite sind Trackingsysteme unersetzlich, wenn es um die Umsetzung von AR-Systemen geht, andererseits generiert ihre Verwendung neue Probleme. Bei den Methoden zur Registrierung und Kalibrierung wurde des Öfteren über die Qualität der Messpunkte gesprochen. Die Genauigkeit der Messpunkte hängt natürlich stark von der Genauigkeit der Trackingsysteme ab. Probleme bei Kalibrierung und Registrierung sind jedoch nicht die einzigen Probleme, die durch den Einsatz von Trackingsystemen entstehen.

In diesem Abschnitt sollen die häufigsten Ausprägungen weiterer Effekte erläutert werden. Es sind dies Schwimmeffekte der überlagerten Bilder, das Problem der Überdeckung zwischen Realität und virtuellem Bild, Wackelerscheinungen getrackter Objekte und die Fortpflanzung von Fehlern.

3.3.1 Schwimmeffekte

Schwimmeffekte nennt man die Erscheinung, dass das reale Bild und die überlagerten virtuellen Bilder nicht exakt vom selben Zeitpunkt stammen und damit versetzt sein können. Im Allgemeinen entsteht dieser Effekt durch die Laufzeit der Signale durch das Trackingsystem, die Verarbeitung im Computer und die zum Rendern benötigte Zeit. Bewegt sich nichts in der Szene und steht das Display still, tritt der Effekt nicht auf. Wird ein Marker oder das Display bewegt, scheint das virtuelle überlagerte Bild etwas verzögert zu folgen. In Abschnitt 2.2 wurde bereits kurz auf diesen Effekt Bezug genommen, als auf die verschiedenen Arten von Displays eingegangen wurde.

Bei Optical See-Through Displays kann nur versucht werden, die Latenzzeit der systeminternen Datenverarbeitung möglichst gering zu halten. Weitere Ansätze sind möglich, wenn das Bewegungsverhalten vorausberechnet werden kann oder bekannt ist. Dann können Kalman-Filter (vgl. Abschnitt 3.2.6) verwendet werden, um die Verschiebung innerhalb des Zeitintervalls des *lag* vorauszuberechnen. Sind die Bewegungen allerdings frei, würde eine derartige Berechnung zu neuen Schwimmeffekten führen.

Bei Video See-Through Displays kann der Schwimmeffekt kompensiert werden, indem das Bild der Kamera mit dem computergenerierten Bild synchronisiert wird. Das hat wiederum zur Folge, dass das wahrgenommene Gesamtbild nicht mehr mit der Umgebung übereinstimmt. Das im Display gesehene Bild passt während einer Bewegung nicht mehr zur umgebenden Realität. Ist das Display ein HMD, kann der Schwimmeffekt, vor allem bei Kippbewegungen, also Nicken oder seitlichem Neigen des Kopfes, den Gleichgewichtssinn stören.

Eine Störung des Gleichgewichtssinnes wiederum kann zu Schwindelgefühl und Übelkeit führen, beides Anzeichen der sog. Cybersickness. Cybersickness oder visuell induzierte Bewegungskrankheit (Visually induced motion sickness) wurde erstmals von McCauley und Sharkey [40] als Effekt in virtuellen Umgebungen beschrieben. Cybersickness kann auftreten, wenn sich die Szenerie abhängig von der Kopfposition verändert oder der Benutzer sich visuell bewegt, dabei selbst aber körperlich unverändert bleibt, wie z.B. in einem statischen Fahrsimulator.

3.3.2 Verdeckung

Ein weiteres Problem, das durch eine direkte Überlagerung von realem und virtuellem Bild entstehen kann, ist falsche Verdeckung. Das virtuelle Bild liegt zunächst einmal immer vor dem realen Bild, unabhängig davon ob mit optischem Combiner oder mit Video See-Through überlagert wird. Das hat zur Folge, dass ein realer Gegenstand, eine Person oder ein Körperteil, eigentlich vor einem virtuellen Gegenstand liegen sollte, von diesem aber verdeckt wird. Das wirkt für den Benutzer irritierend und erschwert die Arbeit mit dem System. Es ist schwer, den richtigen Tiefeneindruck zu erhalten, da durch die falsche Verdeckung immer zusätzlich eingeschätzt werden muss, wo eigentlich welches Objekt gegenüber welchem liegt. Besonders stark wird dieser Effekt, wie in Abb. 3.11 zu sehen, wenn Bestandteile des Raumes selbst überlagert werden, z.B. wenn die Tischoberfläche überlagert werden soll, um einen Marker zu verstecken.

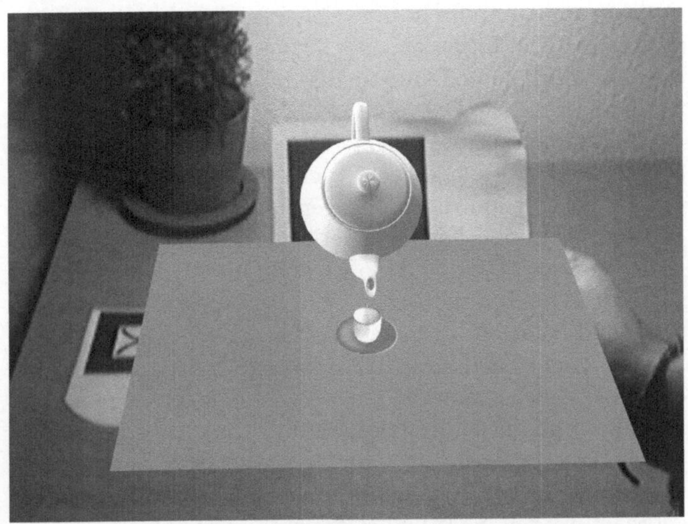

Abb. 3.11. Zusätzlich wird zur Tasse die Tischoberfläche gerendert – sie soll eigentlich den linken Marker verstecken. Die Hand an der Teekanne sollte jedoch vor der Tischoberfläche liegen

Prinzipiell ist die Lösung dieses Problems einfach: Zur virtuellen Szene werden zusätzliche Objekte hinzugefügt, die den realen Objekten in der Szene nachempfunden sind. Bei Optical See-Through Displays ist es ausreichend, diese Objekte in Schwarz zu rendern. Wie jedes andere Objekt verdecken schwarze Objekte die dahinter liegenden Objekte. Durch die Einblendung mit dem Combiner werden schwarze Objekte nicht wahrgenommen, das reale Objekt ist wieder zu sehen. Bei Video See-Through Systemen hingegen müssen die Objekte als quasi-transparent gerendert werden. Diese sind unsichtbar, unterdrücken jedoch das Rendern der durch sie verdeckten virtuellen Objekte. Solche Objekte können indirekt über den Stencil- oder den Tiefenpuffer modelliert werden, indem die entsprechenden Bildbereiche nach dem Rendern der Objekte wieder gelöscht werden.

Bei statischen Objekten können damit gute Ergebnisse erzielt werden. Bewegliche Objekte müssen zusätzlich getrackt werden, um die Überlagerung bei einer Lageveränderung zu ermöglichen. Schwierig wird es bei deformierbaren Objekten. So sind z.B. oft Hände in AR-Anwendungen zu sehen. Durch Greifbewegungen verändert sich die Form der Hand so stark, dass kein statisches Modell überlagert werden kann. Abbildung 3.12 zeigt eine Zwischenlösung für eine menschliche Hand. Der in dieser Perspektive vom Marker aus rechts unten liegende Bereich wird nicht gerendert.

Um mit beweglichen Objekten gute Ergebnisse zu erzielen, müssen zusätzliche Informationen in das AR-System gebracht werden. So kann bei kamerabasierten Systemen ein Hintergrundbild bei Systemstart aufgezeichnet werden, das pixelweise von jedem späteren Kamerabild abgezogen wird. Der verbleibende Bereich, der nicht schwarz ist, hat sich gegenüber dem Hintergrund verändert – hier darf nichts gezeichnet werden. Allerdings erzeugen auch Schattenwürfe und Änderungen in der Beleuchtung Artefakte im Differenzbild. Über Grenzwerte in den Helligkeitswerten der Bildpunkte kann oft ein Großteil dieser Artefakte gefunden und entfernt werden. Andere Ansätze, um mit beweglichen Objekten korrekte Verdeckungen erzeugen zu können, sind tiefenbasierte Ansätze. Laserscanner können von ihrem Standpunkt aus die Entfernung vieler Punkte bestimmen. Liegt ein Punkt näher als zuvor (vgl. Hintergrundbild) und

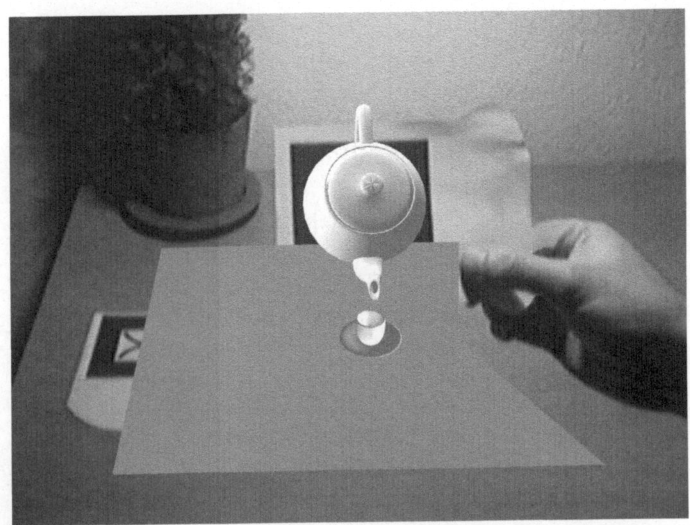

Abb. 3.12. Relativ zum Marker ist rechts unten ein Bereich definiert in dem nicht gerendert wird. Auch wenn der Marker selbst noch verdeckt ist, ist der Tiefeneindruck deutlich besser.

zugleich näher als ein virtuelles Objekt, muss das virtuelle Objekt verborgen werden.

Ein letzter Ansatz der in Betracht gezogen werden sollte, ist, den Aufbau des Systems selbst zu überdenken. Wie kann das System anders aufgebaut werden, damit gar keine falschen Verdeckungen entstehen? Oft kann es ausreichend sein, die Kamera an eine andere Stelle zu verschieben.

3.3.3 Jitter

Auch wenn sich die Position eines Markers nicht ändert, kann es passieren, dass das Trackingsystem eine andere Position berechnet. Auch bei kleinen Bewegungen kann es geschehen, dass das Trackingsystem eine größere Lageveränderung bestimmt, als wirklich geschehen. Im Ergebnis bewegen sich die virtuell überlagerten Objekte auch bei still liegendem Marker oder sie folgen nicht genau der Bahn, der sie eigentlich folgen sollten.

Die Gründe für dieses Wackeln, den Jitter, variieren mit der Art des Trackingsystems. Bei bildverarbeitenden Systemen wird das reale Bild in Pixel gerastert. Liegt ein Punkt des Markers fast in der Mitte zwischen zwei Pixeln, reicht die kleinste Bewegung, um diesen Punkt von einem Pixel in den anderen springen zu lassen. Je nach Algorithmus wird die Position des Markers anders berechnet, ein Sprung kann entstehen. Bei Tracking mit Markerbäumen können gegenseitige Verdeckungen zweier Markerkugeln einen ähnlichen Effekt erzeugen. Im einen Moment interpretiert das Trackingsystem die Position in der einen Richtung, minimal weiter gedreht wird in die andere Richtung interpretiert, wir erleben einen Sprung.

Jittereffekte können unter anderem durch Erkennen von Ausreißern oder durch Glätten über mehrere Messwerte reduziert werden. Ausreißer können erkannt werden, wenn ungefähr bekannt ist, wie sich ein Marker bewegt. Größere Sprünge zwischen zwei Messwerten können auf eine Fehlerkennung hindeuten. Ist der darauf folgende dritte Messwert wieder in der Größenordnung des ersten, kann der zweite Messwert durch den Mittelwert der beiden anderen Werte, interpoliert werden. Auch kann über mehrere Messwerte gemittelt werden um eine gleichmäßigere Bewegung zu erhalten. Derartige Maßnahmen gehen auf Kosten der absoluten Genauigkeit und erzeugen eine zusätzliche zeitliche Verzögerung der Trackingdaten, was wiederum zu Schwimmeffekten führt. Bessere Ergebnisse liefern Kalman-Filter (vgl. Abschnitt 3.2.6).

3.3.4 Fehlerfortpflanzung

Der vorhergehende Abschnitt befasste sich mit Ungenauigkeiten und kleinen Fehlern im Tracking und deren Auswirkungen. Solche Fehler und Ungenauigkeiten in den Messwerten können sich durch ein System fortpflanzen und dabei sogar vergrößern.

Um dies zu verdeutlichen, betrachten wir ein Zeigegerät. Wie bei dem Zeigegerät in Abb. 3.3 wird an einem spitz zulaufenden Stäbchen ein Marker angebracht. Die getrackte Markerposition wird mit der statischen Transformation zur Spitze multipliziert, um die Position der Spitze zu erhalten.

Bereits das Tracking des Markers ist mit Fehlern behaftet. Angenommen, die Translation des Markers wird mit einem Fehler $1\,mm$ und die Rotation mit einem Fehler von $1\,Grad$ geliefert. Durch die aufmultiplizierte Transformation von beispielsweise $10\,cm$ zur Spitze resultiert das in einem Translationsfehler der Spitze von zusätzlichen $sin(0,5) * 10 * 2 = 1,75\,mm$, zusammen somit schon fast $3\,mm$. Diese Beispielrechnung betrachtet allerdings nur die Projektion des absoluten Fehlers auf eine Ebene. In der Realität ist der Umgang mit Fehlern deutlich komplizierter, trotzdem zeigt dieses Beispiel auf einfache Weise, wie schnell sich Fehler vergrößern. Für einen tieferen Einstieg in Fehlerbehandlung sei auf die Arbeit von Bauer [4] verwiesen.

Wird das soeben betrachtete Zeigegerät zur Eingabe von Messpunkten verwendet, fließt die deutlich größere Ungenauigkeit in alle weiteren Berechnungen ein. Wenn damit weitere Transformationen, z.B. von einem Markertarget zum Augpunkt eines Displays, berechnet werden, propagiert der Fehler ebenso. Um derartige Fehler möglichst klein zu halten, sollte die Transformation möglichst kleine Distanzen verwenden. Es sollte, gerade bei Baummarkern, versucht werden, möglichst immer im oder nah zum Schwerpunkt des Markers zu verbleiben.

3.4 Übung - AR Toolkit

Zum Ende dieses Kapitels wollen wir ein System umsetzen, mit dem wir das Videobild einer Webcam überlagern können. Dazu verwenden wir einen Markertracker, der uns die Arbeit, die wir uns in der ersten Übung gemacht haben, größtenteils abnimmt. Nach dieser Übung steht uns ein Markertracker mit kalibrierter Kamera zur Verfügung. Wir verwenden hier das AR Toolkit. Andere Trackingsysteme können natürlich auch verwendet werden, allerdings passen die im Folgenden beschriebenen Schritte nur auf Basis der Prinzipien, jedoch nicht in Bezug auf die konkret beschriebenen Arbeitsschritte.

Installation und Erste Schritte

Zunächst wird das AR Toolkit[21] benötigt. Wir verwenden hier die Version für Windows mit den *expanded video capture libraries*.

Nach Download und Entpacken der 2,4 MB großen ZIP-Datei drucken wir den sog. Hiro-Marker (pattHiro.pdf) aus dem Verzeichnis patterns aus. Der Ausdruck sollte so erfolgen, dass das schwarze Rechteck des Markers eine Kantenlänge von $8cm$ hat, wir kommen gleich darauf zurück, wenn wir uns mit dem Sourcecode befassen. Am besten wird der Marker so ausgeschnitten, dass, wie in Abb. 3.2 gezeigt, ein nicht zu schmaler weißer Rand um den Marker verbleibt.

---

[21] AR Toolkit 2.65: `http://www.hitl.washington.edu/artoolkit/`

Es ist von Vorteil, diesen Marker auf einen Karton aufzukleben. Das Tracking arbeitet am besten, wenn der Marker wirklich flach ist.

Nun können wir zum ersten Test übergehen. Im Verzeichnis bin findet sich die bereits vorkompilierte Beispielanwendung simple.exe. Bevor wir diese starten, muss die Webcam an den Computer angeschlossen werden. Nach dem Start erscheint ein Konfigurationsfenster für die Kamera. Ein Klick auf OK startet die eigentliche Anwendung. Ist das Bild kopfüber, kann beim nächsten Start die Option Horizontal drehen im Konfigurationsfenster angewählt werden. Richten wir die Kamera auf den Marker, sollten wir einen überlagerten Würfel sehen. Ist der Würfel nicht zu sehen, kann das verschiedene Gründe haben: Das schwarze Rechteck des Markers ist teilweise verdeckt. Es muss vollständig sichtbar sein. Der Marker darf nur minimal gebogen sein. Die Beleuchtung kann unzureichend sein. Meist ist es ausreichend, eine Schreibtischlampe anzuschalten.

Soweit so gut. Wagen wir einen Blick in den Sourcecode. Die Sourcen für die Demoanwendung finden sich im Verzeichnis examples\simple. In der Parameterdeklaration am Anfang der Datei simple.c sehen wir, welcher Marker geladen wird (patt_name = "Data/patt.hiro") und welche Größe er hat (patt_width = 80.0). Auch sehen wir hier, welche Kameraparameter für die Kamerakalibrierung geladen werden (cparam_name = "Data/camera_para.dat"), mehr dazu aber etwas später.

Zunächst wollen wir etwas Interessanteres als den Würfel zeichnen. In der Funktion draw am Ende des C-Files finden wir den Aufruf der Funktion glutSolidCube, den wir durch glRotatef(90,1,0,0); und glutSolidTeapot(25.00); ersetzen. Zum anschließenden Kompilieren wird GLUT benötigt, welches unter anderem von der Webseite des AR Toolkit verlinkt ist. Eine freie Implementierung ist Freeglut[22]. Einige Probleme, die beim Kompilieren mit Visual Studio 2008 auftreten können, werden in den Lösungen im Anhang „Lösungen" angesprochen. Nach dem Kompilieren findet sich das Binary im Verzeichnis bin. Statt des Würfels sollte eine Teekanne auf dem Marker zu sehen sein.

Kalibrierung der Kamera

Wir haben gesehen, dass im Sourcecode die intrinsischen Kameraparameter geladen werden. Dabei handelt es sich um vorgegebene Standardwerte, die nicht zwingend zur verwendeten Kamera passen müssen. Außerdem ist die Linsenverzerrung nicht korrigiert. Um die eigene Kamera zu kalibrieren, muss ein zusätzliches Pattern ausgedruckt werden, das Pattern calib_dist.pdf aus dem Verzeichnis patterns. Auch hier muss beim Ausdruck darauf geachtet werden, dass die Größe korrekt ist. Der Abstand der Kreise muss bei $4cm$ liegen. Andere Größen sind möglich, der Wert muss später angegeben werden. Das Muster sollte auf eine Oberfläche, z.B. ein Brett, aufgebracht werden. Die dazu gehörenden Kalibrierungsschritte[23] sind ebenso wie hier auf der Webseite des AR Toolkit beschrieben.

Das Programm calib_camera2.exe sollte vorkompiliert sein, ansonsten findet sich der Sourcecode im Verzeichnis util\calib_camera2. Nach Programmstart führt die Ausgabe in der Konsole durch den Ablauf. Die Kamera muss auf das Punktmuster gerichtet sein und ein Bild muss aufgenommen werden. Nun müssen im Bild alle Kreise markiert

---

[22] Freeglut: `http://freeglut.sourceforge.net/`

[23] Kamerakalibrierung des AR Toolkit: `http://www.hitl.washington.edu/artoolkit/documentation/usercalibration.htm`

werden. Dabei wird mit dem linken oberen Punkt begonnen. Vier Zeilen mit je sechs Punkten müssen markiert werden. Diese Prozedur sollte fünf bis zehn Mal aus verschiedenen Perspektiven wiederholt werden. Anschließend können die Parameter berechnet werden, was einige Zeit dauert. Dabei kann meist beobachtet werden wie die beiden ersten Werte leicht von der Mitte des Kamerabildes, der halben Kameraauflösung, weglaufen. Nach der Berechnung kann und sollte überprüft werden, ob in allen Bildern die Kontrolllinien passend durch alle Punkte laufen.

Nach einer weiteren Berechnung gibt das Programm die Faktoren der Verzerrung und die intrinsischen Kameraparameter aus und fragt nach einem Dateinamen. Die Datei wird im Verzeichnis bin abgelegt und kann als neue Kalibrierungsdatei für den Markertracker verwendet werden.

Tracken mehrerer Marker

Mit dem eingerichteten Kamerasystem können erste eigene Anwendungen erstellt werden. Da das Bewegen eines einzelnen Markers auf Dauer langweilig wird, soll die Beispielanwendung erweitert werden, um mehrere Marker zu tracken. Ein weiterer Marker liegt bereits im Verzeichnis patterns vor, der Marker pattKanji.pdf. Weitere Markerkonfigurationen können mit dem vorkompilierten Tool mk_patt.exe erzeugt werden. Dazu muss nur ein Marker erzeugt und ausgedruckt werden. Mit dem Tool mk_patt.exe wird dieser Marker erkannt und die zugehörige Konfiguration wird in einer Datei gespeichert. Diese wiederum kann im Markertracker geladen werden. In der dritten Übung in Abschnitt 4.3 werden wir vier Marker benötigen.

Um diese vier Marker zu erkennen, bzw. um die zugehörigen Objekte zu zeichnen, müssen Deklaration und Implementierung der draw Funktion erweitert werden. Statt einer

Transformation müssen mehrere Transformationen übergeben werden. Dabei muss der Funktion mitgeteilt werden, welche Transformation zu welchem Marker gehört. Auch muss die Funktion `mainLoop` erweitert werden, um mehrere Marker zu tracken. Auf den Markern können wir neben der Teekanne Teetassen platzieren, der Code der Teetassen ist auf der Webseite[24] des Autors erhältlich. Ist all dies umgesetzt, sind wir bereit für mehr als nur das Verschieben von Markern. Wir können uns dann mit der Interaktion beschäftigen, was Thema des nächsten Kapitels ist.

---

[24] Code für die zweite Übung: `http://www.toennis.de/AR-Buch/Uebung-2`

4

Eingabe und Interaktion

Bisher haben wir uns größtenteils mit der Darstellung von Informationen befasst. Wir haben gesehen, wie 3-D-Grafik erzeugt wird und welche Arten von Displays es gibt, um sie sichtbar zu machen. Weiterhin haben wir gesehen, was Tracking ist und wie man damit Systeme aufsetzen kann, die virtuelle Objekte an der gewünschten Position darstellen. Mit anderen Worten kann man sagen, dass wir fast ausschließlich die Ausgabe von Informationen dargestellt haben. Darum befasst sich dieses Kapitel mit der anderen Seite, der Eingabe von Daten und Informationen in ein AR-System. Zuerst werfen wir einen Blick auf Arten und Möglichkeiten der Eingabe, um uns danach mit der Interaktion mit AR-Systemen zu befassen. Auch dieses Kapitel beschließen wir mit einer Übung. Wir werden unser eigenes System so erweitern, dass wir nicht nur Objekte im Raum bewegen, sondern auch mit ihnen interagieren können.

M. Tönnis, *Augmented Reality*, Informatik im Fokus,
DOI 10.1007/978-3-642-14179-9_4,
© Springer-Verlag Berlin Heidelberg 2010

4.1 Eingabe

Wenn wir auf unserem Schreibtisch in AR arbeiten, stehen uns Maus und Tastatur zur Verfügung. Für manche Eingaben in ein System sind diese Geräte allerdings nicht oder nur bedingt geeignet. Das lässt sich am Beispiel, einen Gegenstand im Raum zu drehen, illustrieren. Mit einer Maus können wir nur zweidimensionale Eingaben machen. Es existieren verschiedene Prinzipien, wie diese 2-D-Eingabe in eine 3-D-Rotation umgewandelt werden kann, aber nie haben wir die Freiheit, den Gegenstand einfach mit der Hand zu drehen, wie wir es z.B. mit einer echten Teekanne tun können. Wenn wir zusätzlich eine mobile Anwendung umsetzen wollen und den Schreibtisch verlassen müssen, werden beide Geräte schnell unhandlich. Wir brauchen andere Konzepte für die Dateneingabe in AR-Systeme. Mit einigen alternativen Möglichkeiten der Dateneingabe wollen wir uns in diesem Abschnitt befassen.

4.1.1 Marker-Basierte Eingaben

Gerne werden bei Markertrackingsystemen die Marker als Eingabegeräte verwendet.

Schon auf einfache Weise lassen sich interessante Effekte erzielen. Ein Marker kann an einer Position im Raum verdeckt und anschließend entfernt werden, um ein damit getracktes Objekt fest im Raum zu platzieren. Auch kann ein Marker als Knopf verwendet werden. Wird der Marker für einen bestimmten Zeitraum nicht mehr getrackt, kann ein Ereignis ausgelöst werden, genau so, als ob ein Knopf gedrückt worden wäre. Mit zwei Markern kann ein Slider gebaut werden. Auf einem Marker wird entlang einer Achse des Markerkoordinatensystems das grafische Modell eines Sliders überlagert. Auf dem zweiten Marker wird der

Schieber dargestellt. Der Abstand beider Marker entlang der Achse des Sliders wird als Sliderwert verwendet.

Marker können mit bestimmten Eigenschaften versehen werden. Ein Marker kann mit einer Farbe verbunden sein, um als Farbtopf zu dienen. Wird solch ein Marker in die Nähe eines anderen Markers oder Objektes gebracht, kann über eine Kollision das getroffene Objekt eingefärbt werden. Eine Kollision kann über den euklidischen Abstand der beiden Marker und einen bestimmten Grenzwert berechnet werden. Das Unterschreiten dieses Grenzwerts definiert eine Kollision. Dabei ist natürlich darauf zu achten, dass der Grenzwert so groß gewählt wird, dass sich die beiden Marker nicht überlappen, da von einem verdeckten Marker keine Posen mehr geliefert werden können. Wird der nicht getrackte Marker zu einer anderen Position verschoben, kann das schnell für Verwirrung sorgen. Der Benutzer erwartet eine Kollision, das System kann jedoch keine Kollision erkennen, da die Pose eines der Marker nicht vorliegt oder einen falschen Wert hat.

Der Einsatz mehrerer Marker macht ein AR-System schnell verwirrend. Es ist ratsam, kleine Icons neben die Marker zu malen oder jedem Marker ein virtuelles Objekt zu assoziieren, damit der Benutzer erkennen kann, welche Eigenschaft der Marker hat.

Neben der reinen Positionierung von Markern können Gesten mit Markern zur Eingabe dienen. Es gibt eine Vielzahl von Gesten, unter anderem Schütteln, Drehen oder kreisförmige Bewegungen. Eine Schüttelgeste wird durch zwei Werte ausgezeichnet. In einem bestimmten Zeitraum ändert sich die Position nur wenig, der zurückgelegte Weg, die Summe der Distanzen der einzelnen vom Tracking kommenden Positionsdaten, hat aber einen hohen Wert. Eine Drehbewegung lässt sich erkennen, wenn ein (beidseitig mit zwei verschiedenen Mustern bedruckter) Marker entlang einer Achse eine volle Drehung macht, während die anderen Achsen und ggf. die Position innerhalb nicht zu eng gesetzter Grenzwerte liegen. Welche Gesten ausgeführt werden können und ob es eine oder mehrere Gesten sind, muss der Benutzer wissen. Alternativ kann dem Benutzer eine Hilfestellung gegeben werden. Mit der Art der Hilfestellung, also wie dem Nutzer die Information, welche Geste er ausführen kann, hat sich u.a. White befasst. Er untersuchte verschiedene Arten von Hinweisen [73], rein schriftliche, eingeblendete Bilder, sog. „ghosted hints" und animierte Hinweise. „Ghosted hints" sind Schnappschüsse der Geste, die wie in Abb. 4.1 dargestellt, relativ zum Marker eingeblendet werden. Diese können animiert werden, der Benutzer hat den Eindruck, als würde ihm ein sich wiederholender Film vorgeführt.

White untersuchte die Varianten und deren Kompositionen und fand heraus, dass vor allem die „ghosted hints" in Verbindung mit Animation oder textuellen Hinweisen bevorzugt und am schnellsten verstanden werden.

4.1.2 Tangible User Interfaces

Während bei Markern explizite Hinweise notwendig sind, um deren Bedeutung oder deren assoziierte Aktion zu vermitteln, gehen „Tangible User Interfaces" einen Schritt weiter. Ishii et al. [29] haben sich damit befasst, wie man die einen Menschen umgebende Welt in ein User Interface verwandeln kann. Ihre Idee geht dahin, die inhärenten Eigenschaften eines Gegenstandes im Computer bzw. in der durch AR erweiterten Welt zu übernehmen. Dazu prägten sie den Begriff der „Tangible Bits", um den Ansatz zu beschreiben, wie die Lücke zwischen einer virtuellen und der physikalischen Umgebung geschlossen werden kann, indem digitale Informationen (Bits) fassbar gemacht werden.

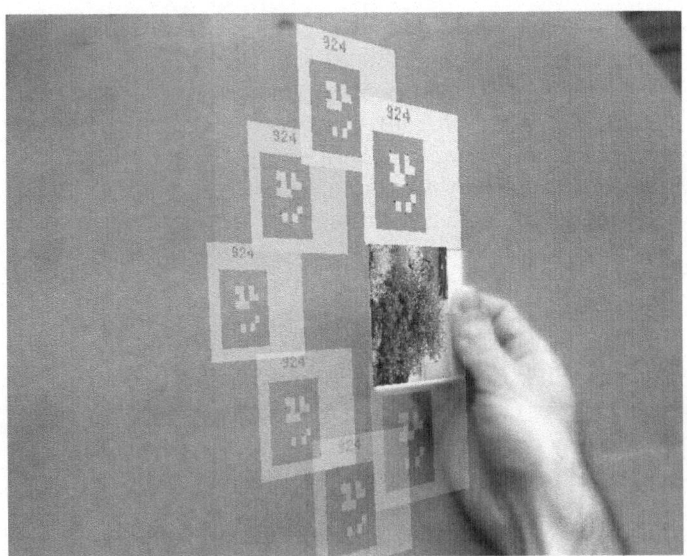

Abb. 4.1. Visueller Hinweis wie eine Eingabe ausgeführt werden kann (Bild mit freundlicher Genehmigung von Sean White [73], ©2007 IEEE)

Beispiele einer Anwendung sollen dies vertiefen. In einer von Ishii und seinem Team entwickelten Anwendung [29], dem *metaDesk*, wird eine Karte des Campus auf einem Rückprojektionstisch angezeigt. Zur Interaktion mit dem System wurde z.B. die *passiveLens* entwickelt. Ein transparentes Plexiglas dient als physikalischer Repräsentant einer im System umgesetzten virtuellen Linse. Da die Linse auf der Tischoberfläche getrackt wird, kann das System in dem Bereich, den die Linse abdeckt, andere Darstellungsvarianten (z.B. Satellitenbilder, Blick in die Vergangenheit, Zukunft) anzeigen. Auch wurden physikalische Icons, sog.

phIcons, entwickelt. *PhIcons* sind direkte physikalische Repräsentanten virtueller Objekte. So wurden unter anderem zwei Gebäude des Campus Massachusetts Institute of Technology (MIT) als *phIcons* ungesetzt. Die beiden *phIcons* können frei auf der Tischoberfläche platziert werden. Das System verschiebt, rotiert und skaliert die Karte automatisch entsprechend der Positionen der beiden physikalischen Repräsentanten. Hierbei stieß das Team auf einen Widerspruch zwischen den Möglichkeiten mit realen Objekten und deren virtuellem Bezug. Die beiden Gebäude-*phIcons* können beliebig gedreht und zueinander positioniert werden. So können Stellungen entstehen, auf die die Karte nicht angepasst werden kann. Eine mögliche Lösung wäre gewesen, die Karte entsprechend zu verzerren. Die letztendliche Lösung war, beide Repräsentanten mit einer Stange zu verbinden, aber ein *phIcon* auf der Stange verschiebbar zu lassen. So konnten die Bedingungen der virtuellen Elemente wieder mit den Möglichkeiten realer physikalischer Objekte in Gleichklang gebracht werden. Zusätzlich wurden zu den realen *phIcons* virtuelle Schatten hinzugefügt. Durch diese und weitere beschriebene Übertragungen beider Welten in die jeweils andere konnten die inhärenten Bedeutungen der User Interfaces, oder wie Ishii schreibt, die „Lesbarkeit des Interfaces" (legibility of interface) gesteigert werden.

4.1.3 Motion-Capturing

Neben dem Ansatz, Marker oder explizite Objekte zu tracken, um damit Eingaben durchzuführen, kann auch der menschliche Körper selbst genutzt werden. Sogenannte Motion-Tracking Systeme können Bewegungen einzelner Körperteile oder des gesamten Körpers aufzeichnen. Hierbei geht es nicht um die Übertragung der Daten auf virtuelle Skelette, mit denen Filmfiguren animiert werden, sondern um die Verwertung dieser Daten für die Steuerung und Kontrolle eines Systems.

Wir wollen hier drei Beispiele ansprechen, weitere Einsätze können daraus abgeleitet werden.

Handtracking

Handtracking wird in Science Fiction Filmen oft verwendet, um zu zeigen wie der Mensch der Zukunft an einem Computer Eingaben tätigt. Häufig werden dabei Multitouch-Systeme gezeigt, manchmal Eingaben im freien Raum. Um Hand und Finger zu tracken, werden meistens Marker (üblicherweise Markerkugeln oder aktiv leuchtende LEDs) auf den Handrücken und an den einzelnen Fingerspitzen angebracht oder es wird ein mechanischer, trackender Handschuh angezogen (der ggf. zum Force-Feedback dienen kann). Mit einer Fingerspitze kann eine Selektion ausgeführt werden, indem der Finger in das virtuelle Objekt geführt und eine Kollision erzeugt wird. Durch das Tracken mehrerer Fingerspitzen können Greifgesten ausgeführt werden, um ein Objekt zu fassen und an anderer Stelle loszulassen. Zum Erkennen der Kollision wird, wie bei der Eingabe mit Markern beschrieben, der euklidische Abstand zwischen beiden Markern an den Fingerspitzen berechnet. Die Greifgeste wird ausgelöst, wenn ein vorgegebener Grenzwert unterschritten ist. In den meisten Systemen wird der Handrücken mitgetrackt. Das hat einen technischen Grund, bietet jedoch auch weitere Vorteile. Wenn nur die Fingerspitzen getrackt werden, ändern sich die Abstände der angebrachten Marker ununterbrochen. Das Trackingsystem kann nur Positionen und keine Orientierung liefern. Außerdem kann keine eindeutige ID zugewiesen werden. Als Entwickler eines AR-Systems weiß man somit nicht, wenn mehrere Hände getrackt werden, welchem Benutzer welche Hand zuzuordnen ist. Genau dieses Problem löst ein Marker auf dem

Handrücken. Er kann größer gebaut und eindeutig erkannt werden, und er kann eine Orientierung der Hand liefern. Durch die Position der Hand und der Fingerspitzen kann die Geste, in eine Richtung zu deuten, verwendet werden.

An dieser Stelle wollen wir ein System vorstellen, das Fingerspitzen als Eingabe nutzt und Systemzustände ändern kann. Rusdorf et al. [52] haben ein Eingabesystem entwickelt, das nur aktiv wird, wenn die Finger in eine bestimmte Lage zueinander gebracht werden. Abbildung 4.2 zeigt die Haltung, die sie einnehmen müssen. Wird diese Lage über die Abstände der einzelnen Fingerhüte erkannt, zeigt das System das sog. „Jogdial" an. Eine andere Variante wurde ebenfalls umgesetzt. Dabei müssen Daumen, Zeige- und Mittelfinger in eine Linie mit gleichen Abständen gebracht werden. Durch das Erscheinen des virtuellen Objekts, hier das Jogdial, weiß der Nutzer, dass der Systemzustand gewechselt hat und kann, wie im Bild gezeigt, Transformationen in allen sechs Freiheitsgraden ausführen.

Löst der Benutzer die Finger aus der Jogdial-Stellung, verschwindet das „Jogdial" und das System kehrt in den ursprünglichen Zustand zurück.

Kopftracking

Kopftracking findet in den Systemen einiger AR-Anwendungen bereits statt. Bei HMDs und bei Window-into-the-World Systemen muss die Position des Kopfes bekannt sein, um das computergenerierte Bild perspektivisch korrekt darzustellen. Die Informationen über Lage und Neigung des Kopfes können für weitere Eingaben genutzt werden. Nickbewegungen und Kopfschütteln können erkannt werden. Dabei ist darauf zu achten, dass die Geschwindigkeiten, mit denen die Aktionen ausgeführt werden, verlangsamt ablaufen, wenn ein HMD getragen wird, das ein zu-

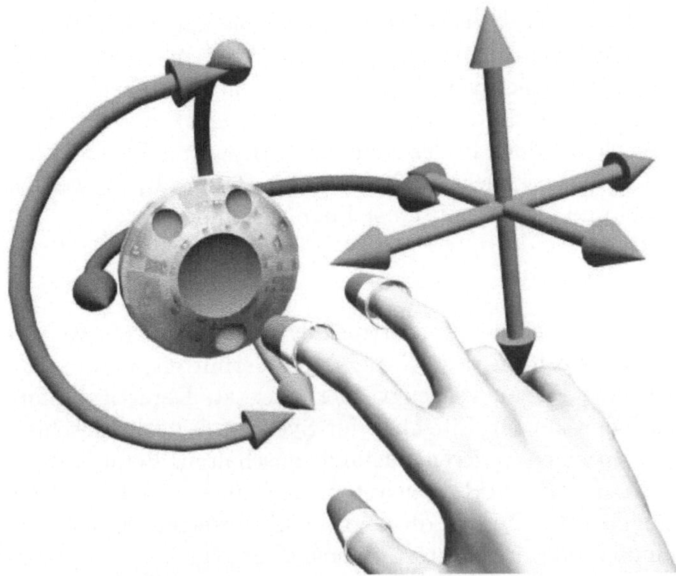

Abb. 4.2. Bringt der Benutzer die Finger in eine bestimmte Stellung, erscheint das „Jogdial" zur kontextsensitiven Eingabe von Transformationen aller sechs Freiheitsgrade (Bild mit freundlicher Genehmigung von Guido Brunnett [52])

sätzliches Gewicht hat. Zusätzlich besteht die Gefahr, dass das HMD bei zu starken Bewegungen verrutscht.

Die Kopfposition kann genutzt werden, um die Nähe von Objekten zum ungefähren Sichtfeld zu erkennen. Wären diese Objekte außerhalb des Sichtfeldes, können sie, sofern keine feste Platzierung notwendig ist, in das Sichtfeld verschoben werden. Dies ist bei Annotationen oder bei Labels sinnvoll, die zusätzliche Informationen zu einem Objekt geben. In Bezug auf Labeling soll hier auf die Arbeit von Bell et al. [7] verwiesen werden. Sie haben ein System entwickelt, mit dem Labels an Objekte angebracht werden können. Je nach verfügbarem Platz auf dem Display verschieben sich die Labels, um einander nicht zu verdecken, versuchen jedoch in der Nähe ihres Bezugspunktes zu bleiben. Stehen sie nicht direkt über dem Bezugsobjekt, werden Label und Objekt mit einer Linie verbunden.

Körpertracking

Schließlich sei hier Körpertracking erwähnt. Durch Kenntnis der Position des Körpers kann ermittelt werden, ob sich eine Person verbeugt oder hinsetzt. Derartige Informationen können Eingaben für Systeme sein, die anschließend in einen anderen Zustand umschalten. Beim Aufstehen kann z.B. ein Routensystem erscheinen, das den Nutzer zum nächsten Termin dirigiert, beim Hinsetzen werden Terminplan oder benötigte Dokumente gezeigt.

4.1.4 Eingaben mit dem Blick

Zur Blickerfassung gibt es zwei Prinzipien: am Kopf getragene Systeme und in der Umgebung platzierte Systeme. Am Kopf getragene Systeme besitzen meist eine höhere Genauigkeit, haben jedoch den Nachteil von zusätzlichem Gewicht. Die Kombination mit HMDs ist schwierig, beide Systeme müssen nah am Auge platziert sein. Dem Autor ist momentan kein System bekannt, das ein HMD und ein Blickerfassungssystem kombiniert.

Augen- oder Blicktracking werden meist bei Benutzerstudien eingesetzt, um unter anderem herauszufinden, wie stark eine Anzeige die visuelle Aufmerksamkeit auf sich zieht. Blickdauer und Anzahl der Blicke sind oft verwendete Kennzahlen. Wenige Blickerfassungssysteme können dies bereits automatisch auswerten. Die Blickrichtung wird meist kontinuierlich ausgegeben. Ist die Kopfposition bekannt, kann die Transformation zum Auge berechnet oder aus dem Algorithmus für die Kalibrierung des Displays (im Allgemeinen HMD) erhalten werden. Daraufhin kann der Blickwinkel ausgerechnet werden, um die Pose des Auges oder der Augen zu erhalten.

Für die Selektion von Objekten kann die Blickrichtung verwendet werden. Über einen Raypicking Algorithmus wird errechnet, auf welches Objekt der Träger blickt. Verharrt der Blick für eine gewisse Zeit, wird das Objekt ausgewählt. Weitere, indirekte Arten der Eingabe sind hier denkbar. Die Kenntnis über die Blickrichtung kann ausgenutzt werden, um Warnungen im Sichtfeld des Nutzers zu platzieren.

4.1.5 Spracheingabe

Vor allem wenn beide Hände ausgelastet sind, kann Sprache eine gute Alternative sein. Sprache ist weitestgehend unabhängig vom Sehen. So können Eingaben in das System zumindest teilweise parallelisiert werden. Ist der visuelle Kanal allerdings stark gefordert, muss darauf geachtet werden, dass keine zu komplizierten Sprachanweisungen notwendig sind, um das System zu bedienen. Muss der Mensch zu sehr über seine Aussagen nachdenken, tendiert er dazu, währenddessen einen Punkt zu fixieren und vernachlässigt dabei die visuelle Informationsaufnahme. Wir erleben das manchmal bei Telefonaten.

Es gibt verschiedene Arten von Spracheingaben: Kommandosprache, numerische Eingaben und mehr oder minder freie Sprache. Für jeden Typ gibt es unterschiedliche Erkennungssysteme. Bei reinen Kommandos oder Zahlen kann das Vokabular meist direkt hinterlegt werden und lediglich Sprachmuster sind notwendig, um Eingaben auswerten zu können. Freie Sprache setzt einen großen zusätzlichen Sprachschatz voraus. Soll das System zusätzlich Aussagen interpretieren, steigt der Analyseaufwand immens. Wenn semantische Verknüpfungen vorhanden sind, kann der Satz „Es ist dunkel." als Aufforderung, das Licht anzumachen, interpretiert werden. Derartige Systeme werden erforscht, um Raumsteuerungssysteme und Roboter menschlicher erscheinen zu lassen.

Es gibt viele verschiedene Spracherkennungssysteme, Sphinx[1] kann Kommandosprache, Zahlenreihen und größere Vokabulare erkennen. Im Weiteren sei hier noch Julius[2] erwähnt, das auch große, im Fluß gesprochene Vokabulare erkennen kann.

4.2 Interaktion

Während wir uns mit Eingaben für AR-Systeme beschäftigt haben, wurden immer wieder Beispiele für mögliche Verwendungen der Eingabedaten gegeben. Daher wollen wir uns nun mit genau diesen Verwendungen befassen. Wir werden in den kommenden Abschnitten sehen, welche Arten von Interaktion es gibt und welche Techniken hier eingesetzt werden können.

Bei der Umsetzung jeder Art von Interaktionstechnik ist es wichtig, dass das System während der Implementierung wiederholt getestet und evaluiert wird, besonders durch nicht an der Entwicklung beteiligte Personen. Der Entwickler selbst weiß, woran er arbeitet und baut ein System, dass er selbst benutzen kann. Derjenige, der neu mit

---

[1] Sphinx: `http://cmusphinx.sourceforge.net/`

[2] Julius: `http://julius.sourceforge.jp/en_index.php?q=en/index.html`

solch einem System in Kontakt kommt, bringt nicht dieselbe Erfahrung im Umgang mit oder hat gar eine andere
Vorstellung, wie es zu benutzen sein könnte. Werden Tests
nur durch Entwickler ausgeführt, kann es passieren, dass
Grenzwerte zu eng gesetzt werden. Das System ist dann für
andere Menschen nicht benutzbar. Auch können Objekte,
die angezeigt werden und dem Entwickler äußerst intuitiv
erscheinen, anderen Nutzern unter Umständen keinen Hinweis auf ihre Bedeutung geben.

Mit dem Entstehungsprozess einer AR-Anwendung und
den damit verbundenen Test- und Evaluationsdurchgän-
gen hat sich Schwerdtfeger [54] befasst. Er entwickelte ein
System zur Führung von Kommissionierungskräften zu La-
gerfächern. Dabei wurde festgestellt, dass Techniken zur
Erhebung der Usability, wie sie in anderen, traditionelle-
ren Disziplinen eingesetzt werden, nicht zum Testen von
AR-Systemen geeignet sind. AR ist noch zu jung, als dass
lang gesammelte Erfahrungswerte beim Entwicklungspro-
zess einfließen können. In seiner Arbeit entwickelt Schwerdtfeger darum einen Ansatz, der möglichst frühzeitig die un-
terschiedlichsten Personengruppen mit einbezieht und mehrere Design-Evaluierungsschleifen durchläuft. Er empfiehlt,
neben Forschern in der AR auch Personen aus der Zielgruppe und vollkommen unabhängige Dritte mit dem System zu
konfrontieren und mögliche Ansätze zu diskutieren. Iterationen in der Weiterentwicklung und Evaluation fangen in
kleinen Schritten an und werden immer formeller. Dabei
wird der AR-Entwickler immer vertrauter mit dem User
Interface und dem Anwendungsfall und kann das Design
der Untersuchung sukzessive an die Anwendung anpassen.
Gleichzeitig reift das User Interface durch die Iterationen
bezüglich Benutzbarkeit. Längere formale Studien sollten
erst wirklich zum Ende der Entwicklung des Systems durchgeführt werden. Erst wenn das neue System im Vergleich

zum bisher verwendeten, nicht auf AR basierenden System ausgereift ist, kann die Untersuchung des neu entwickelten AR-Systems und der umgesetzten Interaktionstechniken belastbare Ergebnisse liefern.

Bei der folgenden Aufstellung von Interaktionstechniken orientieren wir uns an der Einteilung von Bowman [12]. Er unterscheidet bei der Verwendung von 3-D-User Interfaces zwischen Manipulation, Bewegung (Travel), Signaletik, Systemeinstellungen und symbolischer Eingabe. Wir unterteilen den Bereich der Manipulation nochmals und befassen uns zusätzlich mit der Selektion von Objekten.

4.2.1 Selektion

Unter Selektion versteht man die Auswahl eines oder einiger bestimmter Objekte [12]. Es gibt verschiedene Techniken, die verwendet werden können, um ein Zielobjekt auszuwählen. Ist ein Objekt zu erreichen, kann es über eine Kollision (vgl. Abschnitt 4.1.1) mit einem Marker ausgewählt oder mit einer getrackten Hand „ergriffen" werden. Ist das Objekt nicht erreichbar, ist es notwendig, auf andere Techniken auszuweichen, wie z.B. dem Raypicking-Ansatz. Hierbei wird von einem Marker oder der Hand ein virtueller Strahl ausgesendet. Trifft der Strahl auf ein Objekt und verharrt dort für eine bestimmte Zeit oder wird ein Knopf gedrückt, wird das Objekt ausgewählt. Zu den Raypicking Techniken wurden diverse Erweiterungen entwickelt, um es damit angenehmer zu gestalten. Snapping-Mechanismen werden eingesetzt, um die notwendige Zeilgenauigkeit zu verkleinern. Kommt der Strahl in die Nähe eines Objektes, verbiegt er sich und zeigt somit direkt auf das Objekt. Dreht der Benutzer den Strahl über den gesetzten Snapping-Grenzwert weg, verlässt er das Objekt und zeigt wieder geradeaus.

Derartige Techniken setzen voraus, dass das Ziel direkt, zumindest visuell, erreichbar ist. Befindet sich das zu selektierende Objekt hinter einem anderen, kann ein Raypicking Ansatz scheitern. Der Strahl trifft immer auf das nächste Ziel und kann das dahinter liegende nicht erreichen.

Eine Lösung des Problems wäre, ein virtuelles Objekt oder das Ende einer Linie über eine Art von Fernbedienung, z.B. ein Marker, zu dem zu selektierenden Objekt zu manövrieren und eine Kollision auszulösen. Die Pose des Markers relativ zu seinem Anfangspunkt wird benutzt, um die Richtung anzugeben. Je größer der Abstand zum Ausgangspunkt, desto schneller bewegt sich das Objekt in die Richtung, in der der Marker gegenüber dem Ausgangspunkt liegt. Der Ausgangspunkt kann über Verdecken des Markers für eine bestimmte Auszeit gesetzt werden. Die Position, an der der Marker wieder getrackt wird, definiert die Ausgangsposition. Relativ zu dieser Position werden anschließend die Bewegungen ausgeführt. Mehr zu solchen Techniken im nächsten Abschnitt, in dem wir uns mit der Manipulation von Objekten befassen.

Ein anderer Ansatz der Selektion von verdeckten Objekten arbeitet mit zwei Strahlen. Abbildung 4.3 zeigt, wie der Kreuzungspunkt beider Strahlen zum Auswählen eines Objektes verwendet wird. Da sich allerdings gerade in größeren Entfernungen zwei Strahlen nur schwer kreuzen lassen, sind Erweiterungen anzudenken. Wyss et al. [77] nehmen den Mittelpunkt der Verbindungslinie des kürzesten Abstandes beider Strahlen mit in die Selektionsstrategie auf.

Ein letzter Ansatz für Objektselektion, der hier vorgestellt werden soll, verwendet Miniaturansichten der Welt. Die sog. „world in miniature" (WIM) ist ein skalierter Repräsentant der Umgebung des Benutzers. Die WIM kann, je nach Anwendung, gedreht, verschoben oder skaliert werden, wenn sie auf einem Marker befestigt wird. Auch entfernte

Abb. 4.3. Mit zwei Zeigestrahlen können verdeckte Objekte selektiert werden (Bild mit freundlicher Genehmigung von CC Virtual Environments, Fraunhofer IAO [77], ©2006 IEEE)

Objekte können über die WIM erreicht und selektiert werden.

Welche Technik eingesetzt wird, ist von der Anwendung abhängig. Eine wichtige Rolle spielen die Größe der Objekte und die Verteilungsdichte der Objekte im Raum. Für eng zusammenliegende, kleine Objekte mögen sich andere Techniken als die hier vorgestellten eignen.

4.2.2 Manipulation

Nach der Selektion eines Objektes kann es manipuliert werden. Manipulation wird im Besonderen als die Positionierung und Drehung eines Objektes gesehen [12], weitere Parameter können ebenfalls verändert werden. Eine klare Unterscheidung zwischen der Verschiebung von Objekten und der Bewegung des Benutzers wird getroffen. Auf die Bewegung des Benutzers gehen wir in Abschnitt 4.2.3 ein.

Interaktionstechniken befassen sich mit dem Problem, die Lage eines virtuellen Objektes im Raum zu verschieben. Zunächst gibt es eine sehr einfache Lösung: Das Objekt wird mit einem Marker verbunden, an die gewünschte Stelle geschoben und wieder vom Marker entfernt.

Doch wie wir bereits bei der Selektion (vgl. Abschnitt 4.2.1) gesehen haben, ist das Erreichen des Objektes oder des Zieles nicht immer möglich. Es muss eine Technik gefunden werden, die Objekte verschieben kann, ohne dass der Benutzer sich selbst bewegen muss.

Eine mögliche Lösung haben wir in Abschnitt 4.2.1 angesprochen. Dort haben wir den Endpunkt einer Linie durch eine relative Steuerung bewegt. Das Steuerungssystem wird initialisiert, indem der zur Steuerung verwendete Marker für eine bestimmte Zeit verdeckt wird. Nachdem er wieder getrackt wurde, definiert das erste Pose-Datum die Nullposition. Wird der Marker in einer Richtung verschoben, verschiebt sich das zugehörige Objekt in derselben Richtung. Dies kann in absoluten Koordinaten des Objektes stattfinden. Zwischen Marker und Objekt existiert ein statischer Offset. Eine Verschiebung des Markers um $10cm$ bewegt das Objekt um $10cm$ in dieselbe Richtung. Für kleine Transformationen ist das ein geeigneter Weg.

Sollen größere Wege zurückgelegt werden, müsste das Objekt immer wieder abgesetzt, der Marker zurückgebracht und wieder ein Stück weiter geschoben werden. Um derartige Verschiebungen zu vereinfachen, helfen relative Techniken. Nicht mehr die absolute Position des Markers wird zur Platzierung verwendet, sondern die Positionsdaten fließen in eine Funktion ein. Diese Funktion berechnet die neue Position oder Faktoren wie die Geschwindigkeit oder Beschleunigung des Objektes. Eine Funktion zur Vergrößerung der Reichweite kann einen festen Faktor auf die Position multiplizieren oder diesen Faktor bei steigendem Abstand zum Ausgangspunkt vergrößern. Die größere Reichweite wird allerdings auf Kosten der Genauigkeit erlangt.

Die Verwendung des Abstandes als Maß für die Geschwindigkeit kann das virtuelle Objekt sehr langsam (Marker nah am Ausgangspunkt) oder sehr schnell bewegen (Marker in größerer Entfernung zum Ausgangspunkt). Die Reichweite ist durch einen solchen Ansatz nicht beschränkt. Umsetzen lässt sich eine solche Steuerung über die (numerische) Ableitung der Position gegenüber der Zeit, die seit dem letzten Render- oder Trackingzyklus verlaufen ist. So resultiert eine Geschwindigkeit die, ggf. mit einem Faktor multipliziert, benutzt werden kann, um die Verschiebung in der Richtung des Markers auszurechnen. Ein pragmatischer Ansatz addiert den Offset auf die Position des Objektes.

Bei Eingaben der Drehung eines Objektes besteht bei Flachmarkersystemen das Problem, dass der Marker nicht umgedreht werden kann. Bei Würfelmarkern oder bei Kugelmarkerbäumen muss umgegriffen werden, was als umständlich empfunden werden kann. Wird Fingertracking verwendet, entscheidet die Dehnfähigkeit der Arme des Benutzers über den maximal möglichen Drehwinkel. Ein relatives System kann diese Art von Problemen umgehen.

Wenn mit derartigen Steuerungen gearbeitet wird, bewegt sich das virtuelle Objekt kontinuierlich, außer man kehrt mit dem Marker exakt zum Ursprung zurück. Stellen wir uns vor, wir steuern ein virtuelles Flugzeug mit einem Marker. Kippen wir den Marker nach rechts, lenkt das Flugzeug nach rechts, kippen wir nach links, fliegt auch das Flugzeug nach links. Wollen wir geradeaus fliegen, müssen wir den Marker wirklich ruhig in der Ausgangsposition halten. Aber selbst das muss nicht notwendigerweise ausreichend sein. Kleine Fehler im Tracking können Jittereffekte auslösen, die sich wiederum auf die Fluglage auswirken. Darum wird oft mit Grenzwerten für die Nulllage gearbeitet. In kleinem Abstand oder bei kleinem Winkel wird kein Wert oder der Nullwert an die Transferfunktion übergeben. Erst wenn der Grenzwert überschritten ist, wird die Transferfunktion verwendet.

4.2.3 Bewegung

Interaktionstechniken für die eigene Bewegung (Traveling) sind eigentlich eine Sache der VR, in der AR kann sich der Benutzer frei in der realen Welt bewegen. In der VR, zumindest in einer CAVE, steht nur ein beschränkter Raum für eine eigenständige Bewegung zur Verfügung. Sind dessen Grenzen erreicht, muss auf andere Techniken zur Bewegung im virtuellen Raum zurückgegriffen werden. Es gibt jedoch einige Erfahrungen in der AR, die erfordern, dass das Thema angesprochen wird.

Zunächst werfen wir einen Blick auf die Gründe, warum man sich durch eine Welt bewegt. Diese Gründe beeinflussen, worauf beim Design eines AR-Systems zu achten ist und wie das Bewegungsverhalten des Benutzers durch das AR-System verändert werden kann. Generell lassen sich drei Typen von Gründen der Bewegung unterscheiden, Exploration, Suche und Manövrieren.

Bei der Exploration bewegt sich der Benutzer frei im Raum und hat kein eigentliches Ziel. Er sammelt Informationen über Objekte und Orte und baut Wissen über die Umgebung auf. Möglicherweise sollte dem Benutzer die eigene Position in der Welt dargestellt werden, um zu verhindern, dass er sich verläuft.

Bei einer Suche will der Benutzer zu einer bestimmten, ggf. vorgegebenen Stelle im Raum gelangen. Ist dieser Ort bekannt, kann eine Form von Navigationssystem genutzt werden um den Weg, oder zumindest das Ziel, zu zeigen.

Beim Manövrieren führt der Benutzer kleinere, genaue Bewegungen mit meist kleinem Radius aus. Schon für den Benutzer selbst kann es zeitaufwändig und kräfteraubend sein, mit einem HMD in die gewünschte Position zu kommen. Ist die Positionsgenauigkeit der dazu verwendeten Visualisierung nicht dem Bedarf angemessen, verstärkt sich dieser Effekt umso mehr. Auch das Display muss dem Bedarf angemessen sein. Falsch verwendete oder kalibrierte Systeme erzeugen mehr Frustration als Nutzen.

Zudem ist bei der benutzergetriebenen Bewegung darauf zu achten, dass das AR-System selbst den Nutzer nicht in Gefahr bringt. Werden HMDs verwendet, kann je nach Typ das Sichtfeld stark eingeschränkt sein. Der Nutzer hat eine Form von Tunnelblick, da die periphere Wahrnehmung eingeschränkt ist. Auch mit portablen, in der Hand getragenen Systemen, z.B. Notebook und Webcam, muss darauf geachtet werden, dass der Benutzer mit dem System arbeitet und darauf konzentriert ist. Es wurde schon beobachtet, dass Anwender mit einem Notebook-Webcam-System ausgerüstet zu einem in AR angezeigten Zielpunkt laufen wollten und übersahen, dass sie gerade schwungvoll gegen die Ecke eines Tisches liefen.

Bei Desktop-AR-Systemen, in denen das Bild einer frei beweglichen Kamera überlagert wird, entsteht eine weitere Möglichkeit für Irritationen. Hat die Kamera dieselbe oder zumindest annähernd gleiche Orientierung wie der Benutzer, stimmt die Bewegungsrichtung der Interaktionsgeräte mit den Informationen auf dem Display überein. Zeigt die Kamera dem Benutzer entgegen, weil sie über dem Display montiert ist, dreht sich die Bewegungsrichtung auf dem Display um. Eine Rechtsbewegung mit der Hand lässt die Hand im Kamerabild nach links wandern. Wir kennen das von Spiegeln, wenn wir an unserem eigenen Rücken eine Stelle erreichen wollen und dabei den Spiegel in der Hand halten. Wir bewegen die Hand in die falsche Richtung. Zwar kann das Kamerabild auf dem Bildschirm rechts-links gespiegelt werden, doch Bewegungen in der Tiefe werden immer noch in die falsche Richtung führen.

4.2.4 Signaletik

Signaletik (Wayfinding) ist ein kognitiver Prozess der Orientierung und damit der Planung eines Weges durch eine Umgebung durch Aufnahme, Verarbeitung und Gebrauch von räumlichem Wissen [12] dient. Der Aufbau eines mentalen Modelles der Umgebung geschieht im normalen Leben durch Erkennen und Merken von Bezugspunkten und Orten. Zwei Gruppen von Hilfen zur Signaletik können unterschieden werden, nutzerzentrierte und umgebungsbezogene.

Nutzerzentrierte Unterstützung der Signaletik fokussiert auf die menschlichen Sinneskanäle. Durch den Gebrauch von Gerätschaften zu Darstellung von AR kann die Informationsaufnahme verschiedener Sinneskanäle eingeschränkt sein. Meist sind es technische Faktoren, die diese Einschränkung mit sich bringen. Der Rahmen eines HMD schränkt die Sicht ein oder verdeckt die Ohren. Derartige Einbußen in der Informationsaufnahme des Benutzers sollen möglichst klein gehalten werden. Die Unterstützung findet somit indirekt statt. Besonders bei mobilen Anwendungen sollte versucht werden, das Sichtfeld so groß wie möglich zu halten.

Auch die dargestellten Informationen müssen gewisse Bedingungen erfüllen, um die Orientierung des Benutzers nicht zu verschlechtern. Schwimmeffekte können zu Cyber-Sickness (vgl. Abschnitt 3.3.1) führen. Werden virtuelle Objekte grafisch, aber nicht haptisch dargestellt, kann der Widerspruch in der Physik – der Benutzer kann die virtuellen Objekte durchlaufen – das mentale Modell der Umgebung verändern. Umgekehrt können multimodale Systemausgaben die Orientierung stärken. Die zusätzliche Verwendung von räumlichen akustischen Anzeigen kann Richtungs- und Entfernungsverständnis bei virtuellen Objekten fördern.

Die zweite Gruppe von Hilfen für die Signaletik, umgebungsbezogene Hinweise, sind direkter Natur. Der Aufbau der Umgebung selbst hat in der realen Welt den größten Einfluss auf die Entwicklung eines mentalen Modelles. Einige interessante Einblicke in menschliche Verarbeitungsstrategien werden in den Büchern von Lynch [38] und Gollege [23] vertieft. Da die Umgebung für den Entwickler einer AR-Anwengung meist nicht im großen städtischen Bild zu verändern ist, wollen wir hier nur auf die Verwendung künstlicher Hinweise eingehen.

Da viele AR-Displays das Bild monoskopisch darstellen, kann der Tiefeneindruck nur durch relative Größe und durch Parallaxenverschiebungen gewonnen werden. Wenn physikalische Begebenheiten in der virtuellen Darstellung nachvollzogen werden, kann der Tiefeneindruck verstärkt werden. Schatten an virtuellen Objekten und Beleuchtungseffekte können einen zusätzlichen Hinweis auf die Lage des Objektes geben. Diese Technik kann bei fliegenden Objekten angewendet werden, indem ein Schlagschatten auf dem Boden gezeichnet wird. Bei einfachen Desktop-AR-

Anwendungen kann die Lage des Bodens durch einen auf den Schreibtisch gelegten Marker definiert werden.

Die Spanne an virtuellen Objekten, die genutzt werden kann, um die Orientierung eines Benutzers in einem AR-System zu unterstützen, ist groß. Eine Unterscheidung kann in der Art der Darstellung gemacht werden. Virtuelle Objekte können in egozentrischen oder exozentrischen Bezugsystemen dargestellt werden. Befinden sich die Objekte im räumlichen Bezugssystem (frame of reference) des Benutzers, wird eine *egozentrische* Darstellung angewendet. Der Augpunkt des Benutzers fällt mit dem Viewpoint der Kamera zusammen, aus dem das virtuelle Objekt dargestellt wird. Das Objekt schmiegt sich wie ein echter Gegenstand in die Umgebung ein. Wird das virtuelle Objekt und evtl. dessen Umgebung aus einer anderen Kameraperspektive gezeigt, handelt es sich um eine *exozentrische* Darstellung.

Beispiel für eine derartige Darstellung ist eine Miniaturkarte der Umgebung, eine „world in miniature" (WIM, vgl. Abschnitt 4.2.1). Am Beispiel einer WIM können auch mögliche Kombinationen aus ego- und exozentrischer Darstellung erklärt werden. Eine Kartendarstellung blickt aus einem anderen Blickwinkel als der Benutzer auf die Welt, die Karte kann jedoch entsprechend der Orientierung des Benutzers gedreht werden. Anstatt dass die Karte mit dem Norden oben angezeigt wird, kann die Karte die Orientierung des Benutzers haben, sie ist „face up". Wir sprechen von einer exozentrischen Darstellung in *Egomotion*, in Eigenbewegung.

Die Frage, in welchem Bezugssystem Informationen am besten dargestellt werden, ist nicht eindeutig zu beantworten. Generell kann jedenfalls die Aussage getroffen werden, dass der Gesamtüberblick umso besser wird, je weiter die Darstellung im Exozentrischen liegt (meist als Vogelperspektive). Gleichzeitig sinkt, sofern mit dieser Darstellung auch navigiert wird, die Güte der Navigation und das Situationsbewusstsein der lokalen Umgebung. Mit Arten der Darstellung und den Auswirkungen auf das Situationsbewusstsein hat sich unter anderem Christopher Wickens intensiv befasst. Hier sei nur eine Referenz genannt, die auf eine Arbeit bezüglich der verwendeten Displaytechnologie [74] verweist.

Während exozentrische Darstellungen meist WIMs benutzen, können im egozentrischen Bereich eigentlich alle Gegenstände, die wir aus unserer Umgebung kennen, nachmodelliert werden. Das können Schilder oder Wegweiser sein, Kompasse oder Pfeile, bekannte Gegenstände oder Orte. Weiterhin können virtuelle Wegpunkte oder künstliche Markierungen an bestimmten Orten angebracht oder sogar ganze Wege mit Markierungen versehen werden.

4.2.5 Systemeinstellungen

Auch ein AR-System benötigt zusätzliche Einstellungen. Der Benutzer will, dass das System bestimmte Aktionen ausführt, er will die Art der Interaktion mit einem Gegenstand oder einen Systemzustand ändern. Grafische Benutzeroberflächen, wie sie von Desktop-Computern bekannt sind, können aus verschiedenen Gründen nicht (direkt) übernommen werden. Die klassischen Eingabegeräte liegen nicht vor und das Sichtfeld soll nicht mit Fenstern eingeschränkt werden.

Grafische Menüs

Grafische Menüs können trotzdem in der AR verwendet werden. Dabei stellt sich die Frage der Platzierung. Bei Desktop-AR-Systemen kann die grafische Oberfläche direkt neben das Fenster der AR-Anwendung gelegt werden. Wird jedoch ein HMD getragen, sind Display und Bildfläche getrennt. Das Display ist im HMD eingebaut, die Bildfläche schwebt jedoch in einer nicht genau feststellbaren Entfernung vor dem Benutzer. Es existiert kein materieller Bildschirm mehr, auf dem die Menüs platziert werden können. Trotzdem können auf dieser Bildfläche Menüs platziert werden, wir sprechen von bildfixierter Darstellung.

Aber wäre es nicht interessanter und zugleich sinnvoller, die Menüs in den uns umgebenden Raum zu verlagern? Je nach Kontext des Menüs kann es relativ zum Kopf, zum Körper oder sogar bei dem zugehörigen Objekt liegen. Alternativ kann der Benutzer ein persönliches Interaktionspanel mit sich führen. Ist dieses getrackt, kann darauf das Menü platziert werden. Natürlich kann ein mobiler Computer wie ein Mobiltelefon oder ein PDA verwendet werden.

Bedient man sich der Möglichkeiten aus der AR und verlegt das Menü in den 3-D-Raum, muss darauf geachtet werden, dass das Menü bedient werden kann. Trackingsysteme können Posen in sechs Freiheitsgraden liefern, konventionelle Menüs haben zwei Freiheitsgrade. Die Freiheitsgrade sollten im Falle der Interaktion mit einem Menü eingeschränkt werden, beispielsweise durch Restriktion auf eine Interaktionsebene. Solch eine Interaktionsebene sollte, um den Benutzer nicht zu sehr zu belasten, so in den Raum gelegt werden, dass die Interaktion nach anthropometrischen Gesichtspunkten durchgeführt werden kann.

Sprache und Gestik

Sprach- und Gestensteuerung erfordern vom Benutzer, zu wissen, was gesagt oder getan werden kann. Damit müssen entweder visuelle Informationen angezeigt werden oder der Benutzer muss vorher das Arbeitsvokabular erlernen. Auch muss darauf geachtet werden, dass der Benutzer Kontextwechsel gerne einmal „eben so“ durchführt. Ein Computersystem muss folglich erkennen, wann es selbst angesprochen ist. Dieses Problem lässt sich umgehen, indem Tasten „push to talk/act" bereitgestellt werden. So kann das Erkennungssystem für die Eingabe initialisiert werden, unbeabsichtigte Anweisungen werden ausgeschlossen. Je nach Qualität des Erkennungssystems müssen beide Arten mit einem ausreichenden Grad an Genauigkeit ausgeführt werden, um vom System erkannt werden zu können. Meist muss der Mensch eine Kommandosprache benutzen, da das System nur vorgegebene Begriffe erkennen kann. Erste Möglichkeiten, freie Sprache zu erfassen, sind bereits entwickelt, der ganze Sprachschatz mit Synonymen, Mehrdeutigkeiten und vor allem menschlichem Verständnis wird jedoch vielleicht nie vollkommen erkennbar sein. Dasselbe gilt für Gesten. Beide Arten der Interaktion strengen stärker an als sie es im zwischenmenschlichen Gebrauch tun. Darauf sollte geachtet werden, wenn diese Arten der Interaktion in einem AR-System verwendet werden, besonders wenn es sich um zentrale und häufig wiederkehrende Tätigkeiten handelt. Zusätzlich sollte eine Rückmeldung gegeben werden, wenn das System arbeitet oder zumindest die Arbeit aufgenommen hat. Eine ergonomische Regel [14] besagt, dass nach spätestens $200ms$ ein Ergebnis vorliegen oder zumindest eine Information an den Benutzer gehen muss, dass das System arbeitet. Erhält der Benutzer keinen Hinweis, könnte er denken, dass das System seine Eingabe nicht wahrgenommen hat.

4.2.6 Symbolische Eingaben

Beispielanwendungen der AR benötigen oft keine Eingabe von Text oder Zahlen. Soll AR jedoch im Alltag Einzug halten, müssen Möglichkeiten der symbolischen Eingabe vorhanden sein. Dadurch, dass der Benutzer in der AR stehen oder sogar laufen kann, sind nicht unbedingt Oberflächen zur Platzierung einer konventionellen Tastatur vorhanden. Trotzdem gibt es verschiedene Möglichkeiten, Texte und Zahlen auch bei mobilen Anwendungen einzugeben. Dabei hängt, wie bereits erwähnt, die endgültige Auswahl der Eingabetechnik von der Art der Anwendung ab. Wir unterscheiden hier vier verschiedene Techniken: tastaturbasierte, stiftbasierte, gestenbasierte und sprachbasierte Ansätze.

Tastaturverwandte und stiftbasierte Eingabe

Der pragmatische Ansatz für symbolische Eingaben ist natürlich, die Tastatur portabel zu machen. Wir kennen diesen Ansatz von Mobiltelefonen. Zuerst wurden auf jeder Zahlentaste drei bis vier Buchstaben des Alphabets zusammengefasst. Die Anzahl der Tastendrücke wählt den entsprechenden Buchstaben aus, übernommen wird er durch einen Timeout. Später kam die sog. T9-Eingabe, wozu ein Vokabular hinterlegt ist. Ist das Wort nicht vorhanden, kann der Benutzer in den klassischen Modus zurück wechseln. Diese Art der Eingabe wird langsam durch die immer größer werdende Zahl von sog. Touchhandys abgelöst. Damit kehrt der Benutzer wieder zu einer konventionellen Tastatur zurück, nur dass diese auf einem berührungsempfindlichen Display dargestellt wird.

Weitere Ansätze binden Bilderkennungs- und Trackingtechnologie in die Eingabe mit ein. So wurde am Massachusetts Institute of Technology (MIT) ein System [42] entwickelt, das jede Oberfläche nutzen kann, um ein Interface anzuzeigen. Dazu trägt der Benutzer einen Miniaturvideoprojektor und eine Kamera um den Hals. In einer Anwendung zeigen die Forscher, wie dieses System als Eingabe für ein Telefon genutzt werden kann. Abbildung 4.4 zeigt, wie der Benutzer seine Hand hebt, das System dies erkennt und auf der Hand eine virtuelle Tastatur einblendet. Mit seinem Finger, der mit einem Marker, im System des MIT ein farbiges Klebeband, ausgestattet ist, kann der Benutzer Zahlen eingeben.

Abb. 4.4. Auf die Hand projizierte Tastatur (Bild mit freundlicher Genehmigung des MIT Media Lab [42])

Andere Systeme nutzen reduzierte Tastaturen, die nur eine Spalte einer konventionellen Tastatur darstellen. Welche Spalte sichtbar ist, hängt davon ab, wie der Benutzer seine Hand hält. Nach links gedreht hat er Zugriff auf die „Tasten" 1, Q, A, Y; mit jeder Drehung oder Bewegung nach rechts erscheinen die entsprechend weiter rechts liegenden Spalten.

Weitere Ansätze verändern das Layout der Eingabefelder. Derartige Ansätze werden untersucht um unter anderem die Geschwindigkeit bei stiftbasierten Eingaben zu er-

höhen. Bei einer kreisförmigen Anordnung muss der Stift
nicht abgesetzt werden, um Eingaben zu tätigen. Schließlich kann, wie häufig bei PDAs der ersten Generation, ein
System Schriftzeichenerkennung durchführen.

Gesten- und sprachbasierte Eingabe

Schriftzeichen können mit Gesten an ein System übergeben
werden. Am ehesten lässt sich dieser Ansatz mit Gebär-
densprache vergleichen. Ein Vokabular muss erlernt werden
und kann über zugehörige Gesten an ein Erkennungssystem
übergeben werden. Wohl durch den Fortschritt in der Zei-
cheneingabe auf Mobiltelefonen wird die Forschung heutzu-
tage in diesem Bereich nicht mehr so stark betrieben.

Sprachbasierte Eingabesysteme werden weiterhin aktiv
erforscht. Das mag daran liegen, dass Sprache größtenteils unabhängig vom visuellen Kanal ist. Im automotiven
Bereich, in dem der visuelle Kanal nach Möglichkeit der
Fahraufgabe zukommen soll, nimmt die Menge an Funktionen immer weiter zu, und der Zugriff auf diese Funktionen
wird immer komplizierter. Knöpfe für die einzelnen Funktionen wurden teilweise durch Multifunktionskontroller ersetzt, die wiederum das Navigieren in Menüstrukturen erfordern. Spracheingabe bietet eine interessante Alternative.
Lange Eingaben wie Straßennamen können direkt eingege-
ben werden, ohne durch lange Listen zu navigieren.

4.3 Übung - Kontrolle und Steuerung von Objekten mit Markern

Auch dieses Kapitel, das den dritten Teil der Komponenten
von AR-Systemen beschreibt, wollen wir mit einer Übung

bereichern. Wir wollen hier eine auf den ersten Blick sinn-
freie Anwendung erstellen. Was zunächst wie ein Spaß aussehen mag, beinhaltet aber Bausteine, die bei vielen weiteren Anwendungen, die der Leser nach seinen Wünschen
gestalten kann, einsetzbar sind.

Wir wollen, aufbauend auf den Ergebnissen der letzten
Übung, Tee in eine Tasse gießen. Dazu benötigen wir einen
Marker, auf dem die Teekanne und einen auf dem die Teetasse registriert ist. Im Weiteren müssen wir etwas Physik
in die Anwendung einbauen, um Gravitation darzustellen.
Auch hat jeder Teetrinker andere Vorstellungen von der
Temperatur, die der Tee haben soll. Folglich benutzen wir
zwei weitere Marker, um einen Slider zu realisieren, mit
dem die Temperatur des Tees eingestellt werden kann.

Tee fließen lassen

Zunächst soll beschrieben werden, wie Tee, oder besser gesagt, einzelne Objekte oder Wassertropfen zum Fließen gebracht werden können. Eine einfache Variante, derartige
Animationen darzustellen, sind Partikelsysteme. Ein Partikelsystem ist eine Vielzahl von gleichartigen, oft kleinen
Objekten, die jeweils ein leicht unterschiedliches Verhalten haben. Bei der Initialisierung oder Neuinitialisierung
eines jeden dieser Objekte werden dessen Kontrollparame-
ter anders gesetzt. Die grundsätzliche Anfangsrichtung des
Teilchens kann als Zufallswert aus einem vorgegebenen In-
tervall gewählt werden. Wird das Teilchen an der Position
der Ausgießöffnung der Teekanne initialisiert, hat es eine
leicht andere Richtung als alle anderen Teilchen. Beeinflusst
durch die Schwerkraft ändert sich die Richtung und es wird
schneller, beschreibt aber durch die Anfangsrichtung einen
anderen Weg. Schneidet ein solches Teilchen, ein Wassertropfen, die Ebene des Markers der Teetasse, wird es neu

initialisiert und wieder an der Öffnung der Teekanne platziert, die Bewegung geht von vorne los.

Richtiges Aus- und Eingießen

Der Ausgießpunkt, der Schnabel der Teekanne, muss bestimmt werden. Dabei handelt es sich um eine statische Transformation, die vom Marker ausgeht. Der Wert kann experimentell oder mit einem Zeigegerät bestimmt werden.

Das Partikelsystem des Gießvorganges sollte nur dann aktiv sein, wenn die Kanne weit genug gekippt wird. Dazu muss die Richtung der Schwerkraft bekannt sein. Hierzu können die Marker, die später den Slider bestimmen, verwendet werden. Die vertikale Achse eines der Marker bestimmt die Richtung der Gravitation. Wird die Teekanne gekippt und ist der passende Grenzwert überschritten, fließt der Tee aus der Kanne. In jeder Iteration des main-Loop kann die seit dem letzten Durchlauf verstrichene Zeit errechnet werden. Daraus kann die Beschleunigung durch die Schwerkraft und die neue Position jedes Partikels berechnet werden. Etwas mathematische Hilfe für die physikalischen Probleme ist im Anhang gegeben.

Schließlich soll der Tee die Tasse treffen oder daneben geschüttet werden. Landet das Partikel innerhalb des Umfangs der Teetasse, wird es direkt neu initialisiert, landet es außerhalb der Teetasse, kann es als verschütteter Tee liegen bleiben oder es wird ebenso neu initialisiert. Hier muss einerseits eine Kollision mit einer Ebene berechnet werden, andererseits muss geprüft werden, ob die Kollision innerhalb einer bestimmten Entfernung zum Marker- und Tassenzentrum stattfindet.

Einstellen der Temperatur

Um die Temperatur einzustellen, werden die Partikel blau gezeichnet, wenn der Slider am unteren Ende ist, und rot,

wenn er am oberen Ende ist. Der Slider wird als langgezoge-
ner flacher Kubus gezeichnet, dessen eines Ende am ersten
Marker des Sliders hängt. Der Schieber wird als Kegel, der
am Marker fixiert ist, gerendert. Der eingestellte Wert wird
aus dem Abstand entlang der Achse, an der der Slider gerendert wird, bestimmt.

Varianten

Es gibt eine Vielzahl von möglichen Umsetzungen und Varianten für diese Übung. Der verschüttete Tee kann vom Tas-
senmarker herunterfließen, wenn dieser gekippt wird. Der
Tee in der Kanne kann irgendwann erschöpft sein. Der Tee
in der Tasse kann als nach oben steigende Wasserlinie gezeichnet werden, während die Mischtemperatur aus allen
eingeschütteten Partikeln gemittelt wird. Der Kreativität
sind hier noch viele Möglichkeiten gegeben. Eine Lösung
findet sich auf der Webseite[3] des Buches.

---

[3] Code für die dritte Übung: `http://www.toennis.de/`
`AR-Buch/Uebung-3`

5

Anwendungen und Erfahrungen

Die letzten Kapitel haben die drei zentralen Elemente der AR studiert. Damit steht der Entwicklung eines eigenen AR-Systems eigentlich nichts mehr im Wege. Um Anregungen für eigene Anwendungen zu schaffen, stellt dieses Kapitel ein Spektrum bereits existierender AR-Anwendungen vor. Sie reichen von Prototypen und Forschungssystemen hin zu Systemen, die wirklich in bestimmten Bereichen genutzt werden. Bei jedem vorgestellten System wird, soweit möglich, der Bezug zu den in diesem Buch vorgestellten Techniken aufgebaut. Im Weiteren werden Erfahrungen der Entwickler des jeweiligen Systems wiedergegeben.

5.1 Industrie

Technologie der AR wird tatsächlich in einigen industriellen Anwendungen eingesetzt. Das industrielle Umfeld bietet hierbei aufgrund seiner vergleichsweise gut organisierbaren Infrastruktur ein besonders erträgliches Feld für AR. Eine Anwendung soll hier vorgestellt werden: Es handelt sich um

M. Tönnis, *Augmented Reality*, Informatik im Fokus,
DOI 10.1007/978-3-642-14179-9_5,
© Springer-Verlag Berlin Heidelberg 2010

das Schweißen von Bolzen im Prototypenbau von Fahrzeugkarosserien.

Im Karosseriebau für Automobile müssen an der Rohkarosserie Bolzen verschweißt werden, damit später andere Bauteile und Abdeckungen daran montiert werden können. Bevor AR-Technologie eingesetzt wurde, war der ursprüngliche Prozess zweigeteilt. Zuerst wurden die Schweißpunkte nach den Positionsvorgaben mit einem Messarm markiert, anschließend wurden die Bolzen an den angezeichneten Punkten mit einer Bolzenschweißpistole verschweißt. Bei dem Schweißvorgang sind minimale Toleranzen erlaubt. Fehlerquellen für eine ungenaue Platzierung traten bei diesem Prozess in beiden Schritten auf. Einerseits konnte der Messarm, andererseits die Bolzenschweißpistole nicht exakt positioniert sein.

Durch den Einsatz von AR konnten beide Schritte in einen einzigen Schritt integriert werden. In der umgebenden Halle wurde ein Trackingsystem installiert. Die Bolzenschweißpistole wurde mit entsprechenden Markerkugeln ausgestattet. Zusätzlich wurde ein Display an der Pistole angebracht, auf dem die Platzierungsinformation für den Bolzen dargestellt wird. Die entstandene sog. intelligente Bolzenschweißpistole [19] zeigt auf dem Display in der Art einer Kompassnadel an, in welcher Richtung der nächste Schweißpunkt liegt. Ist diese Position ungefähr erreicht, zeigt die Anzeige durch einen 3-D-Pfeil, wo genau der Bolzen zu platzieren ist und wie die Pistole geneigt werden muss, damit er in der richtigen Lage verschweißt wird. Abbildung 5.1 zeigt die Bolzenschweißpistole, an der links drei Markerkugeln angebracht sind. Auf dem Display ist zu erkennen, dass die Pistole etwas nach oben links gekippt werden muss.

Nach dem Betätigen der Schweißpistole gibt das System visuelles Feedback, ob die Position während des Schweißens

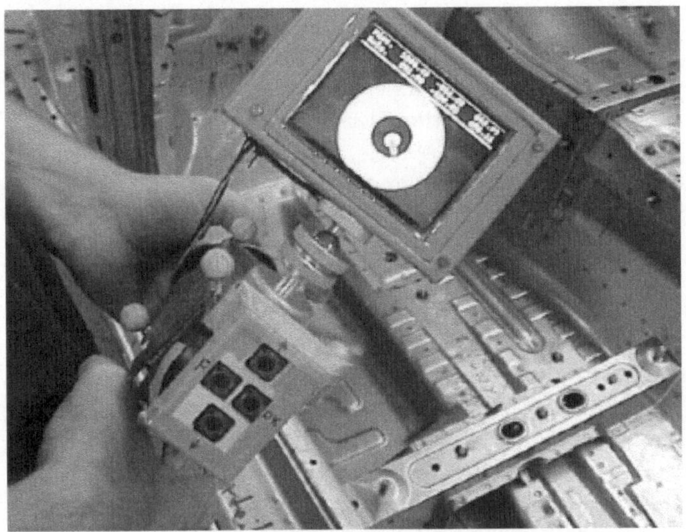

Abb. 5.1. Bolzenschweißpistole ausgestattet mit Markerkugeln und einem Display zur Anzeige der Platzierung eines Bolzens (Bild mit freundlicher Genehmigung von Florian Echtler [19])

gehalten wurde, oder ob der Bolzen ungenau platziert ist. In letzterem Fall muss ein neuer Bolzen angebracht werden.

Durch den Einsatz dieses Systems konnte der Bolzenschweißprozess signifikant beschleunigt werden. Der Prozess wurde durch die Zusammenführung der ursprünglich zwei Einzelschritte, Schweißpunkt markieren und Schweißen, beschleunigt. Auch eine ausreichende Genauigkeit wurde erreicht. Die Genauigkeit der Platzierung ist abhängig von der Qualität des verwendeten Trackings.

Für das Tracking wurden Kameras eines Infrarottrackingsystems an einem verwindungssteifen Rahmen montiert, der beweglich an der Decke befestigt wurde. So kann er zwischen verschiedenen Schweißplattformen bewegt werden, wobei das Sichtfeld der Kameras fast nie verdeckt wird. Am Fahrzeugrahmen wurden Markertargets angebracht, um die Position der Schweißpunkte ermitteln zu können. Die Schweißpunkte wurden den CAD-Daten des Fahrzeugrahmens entnommen. Dazu mussten die Daten des CAD-Modells in das Koordinatensystem des Trackingsystems überführt werden. Dies erfolgte nach dem Prinzip der absoluten Orientierung (vgl. Abschnitt 3.2.3): Die Transformation zwischen beiden Koordinatensystemen wurde durch bekannte Punkte aus den CAD-Daten ermittelt, indem dieselben Punkte auf dem getrackten Rahmen im Koordinatensystem des Trackingsystems vermessen wurden. Schließlich musste das System die Position der Schweißspitze der Bolzenschweißpistole kennen. Dies wurde durch Ausführung einer Spitzenkalibrierung (vgl. Abschnitt 3.2.2) erreicht. Trotz aller Schritte, die Ursache für Ungenauigkeiten in der Positionsgenauigkeit sind, war die Genauigkeit ausreichend für den Einsatz im Bolzenschweißen.

Im weiteren Einsatz des Systems stellte sich ein neues Problem heraus. Schon durch die Montage der Trackingkameras an der Decke besteht die Möglichkeit, dass die Karosserie die Schweißpistole verdeckt. Schweißpunkte im Innenraum können damit nicht erreicht werden. In einem Nachfolgeprojekt [33] wurden darum Möglichkeiten untersucht, diese Bereiche zugänglich zu machen.

Dazu wurde ein weiteres Trackingsystem in das Setup integriert. Dieses war allerdings nicht fest montiert, sondern es war mobil. Der verwendete Ansatz beruht auf einer Kette von Trackingsystemen. Ist der Schweißpunkt nicht direkt erreichbar, trackt das stationäre Trackingsystem an der Decke das mobile Trackingsystem, welches wiederum die Schweißpistole trackt. Zu diesem Zweck ist das mobile

Trackingsystem mit einem eigenen Markertarget ausgerüstet. Abbildung 5.2 zeigt die Erweiterung des Aufbaus.

Abb. 5.2. Ein zusätzliches mobiles Trackingsystem ermöglicht das Tracking der Bolzenschweißpistole an sonst verdeckten Stellen (Bild mit freundlicher Genehmigung von Peter Keitler [33])

Um mit dieser Erweiterung die Position der Bolzenschweißpistole zu erhalten, müssen die Trackingdaten beider Trackingsysteme umgerechnet werden, um die Pose der Pistole im endgültig verwendeten Koordinatensystem zu erhalten. Hier fließt zusätzlich die statische Transformation zwischen dem Markertarget des mobilen Trackingsystems und dem Ursprung des mobilen Trackingsystems mit ein. Diese kann z.B. durch eine Hand-Eye Kalibrierung bestimmt werden. Effektiv werden auf die Trackingdaten des stationären Systems drei weitere Transformationen aufgerechnet. Zuerst wird die statische Transformation, die vom Marker des mobilen Systems zum Ursprung des mobilen Systems transformiert, aufmultipliziert. Dann folgt die vom mobilen System getrackte Pose der Bolzenpistole. Schließlich wird die aus der Spitzenkalibrierung bestimmte Transformation zur Pistolenspitze aufgerechnet.

Durch den Einsatz von zwei miteinander verketteten Trackingsystemen und durch die zusätzliche statische Transformation pflanzen sich allerdings die jeweiligen Fehler fort (vgl. Abschnitt 3.3.4). Um die Genauigkeit wieder zu verbessern, eignen sich nach Keitler et al. gemeinsame Referenzpunkte. Diese Referenzpunkte sind Markertargets, die von beiden Trackingsystemen gesehen werden. Aus den Unterschieden der Trackingdaten kann der Fehler ermittelt und minimiert werden. Details dazu sind in [33] beschrieben.

5.2 Medizin

Auch in der Medizin wird der Einsatz von AR in zunehmendem Maße relevant. Einen Überblick über die Verwendung von AR im medizinischen Bereich gibt die Sammlung von Sielhorst et al. [56].

Durch den Fortschritt in der minimalinvasiven Chirurgie hat der Operateur keine direkte Sicht mehr auf die Operationsstelle. Stattdessen muss er sich an Kamerabildern einer endoskopisch in den Körper eingeführten Kamera orientieren. Im bisherigen Operationsprozess wird dieses Kamerabild auf einem Monitor angezeigt. Das bedeutet für den Operateur eine zusätzliche Arbeitslast. Er muss eine zusätzliche Informationsquelle überwachen, verarbeiten und das gegebene Bild mental auf den Körper vor ihm übertragen. AR kann diese und weitere Informationsquellen zusammenführen und hat das Potenzial, die Arbeitslast des Operateurs zu senken. Die Eingriffszeit und die Dauer der Narkose kann so unter Umständen. verkürzt werden. Einige Ansätze für AR, die in der medizinischen Forschung untersucht werden, betrachten wir in diesem Abschnitt.

5.2.1 Überlagerung des Körpers mit klinischen Daten

Nicht erst bei der Operation selbst, sondern bereits bei der Diagnose und der Operationsplanung kann AR verwendet werden.

Oft werden bei Untersuchungen Röntgen-, CT- oder MRT-Bilder aufgenommen. Diese können mit AR direkt auf den untersuchten Körperteil überlagert werden. Um den zugehörigen Körperteil zu tracken, werden kleine Markerkugeln mit einer Klebefolie aufgeklebt. Mit einem HMD kann das mit den klinischen Daten überlagerte Bild betrachtet werden. Mit einer getrackten sog. wireless Mouse kann der Benutzer zwischen verschiedenen Visualisierungen umschalten. Mit der wireless Mouse kann der Benutzer zusätzlich eine Ebene im Raum verschieben. An der Schnittfläche der Ebene mit den klinischen Daten wird ein 2-D-Bild der Körper- und Gewebestrukturen angezeigt. Abbildung 5.3 zeigt ein Beispiel, in dem ein Fuß mit CT-Daten überlagert wird.

Das Bild wird zwar richtig überlagert, der Benutzer muss sich allerdings den Tiefeneindruck, also wie tief das AR-Objekt in dem überlagerten Objekt versenkt ist, selbst erarbeiten.

Mit der Fragestellung, wie der Kontext einer AR-Visualisierung dargestellt werden kann, haben sich, neben den

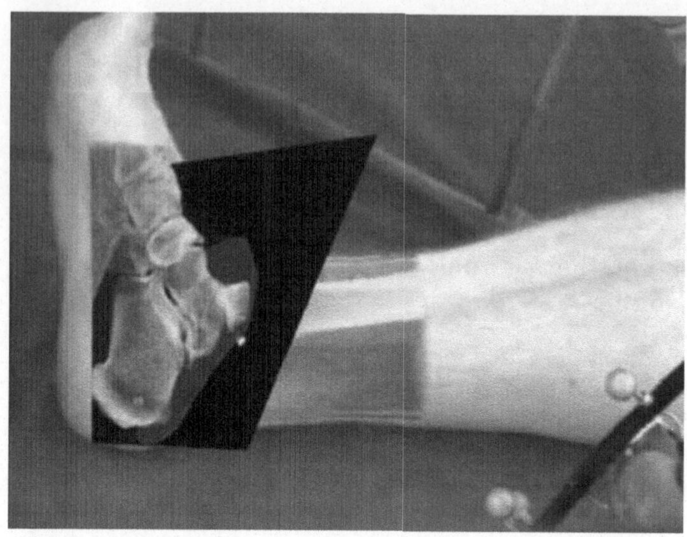

Abb. 5.3. Fuß, überlagert mit 3-D-Modell des Inneren und 2D Bild der CT Daten (Bild mit freundlicher Genehmigung von Jörg Traub [45], ©2007 IEEE)

Forschern in der Medizin, auch andere beschäftigt. So haben Kalkofen et al. [31] ein System entwickelt, mit dem sie zusätzliche, synthetisch generierte, visuelle Daten in die Szenerie mit aufnehmen. Diese Daten stammen zum Beispiel aus Bildverarbeitungssystemen, die Kanten in einem Kamerabild extrahieren. Nach diesem Prinzip arbeiten auch Avery et al. [2]. Ihr Xray System, das mit einem mobilen System einen Röntgenblick durch Gebäudestrukturen ermöglicht, blendet aus dem Kamerabild extrahierte Kanten in die Szene ein. Das Röntgenbild selbst kommt bei Averys Team von einer Kamera, die hinter dem Gebäude auf einem mobilen Roboter montiert ist. Zusätzlich können die

beiden hier genannten Systeme „Fenster" einblenden, die
den Eindruck erwecken, dass man als Betrachter wirklich
durch etwas hindurch blickt. Um derartige Informationen
darstellen zu können, muss weiteres Wissen über die Umgebung vorliegen, z.B. wie dick die Wand ist oder wie viele
Wände durchblickt werden.

Doch zurück zur Medizin, in der es ebenso galt, diese Fragestellung zu bearbeiten. Bichlmeier et al. [10] haben den Tiefeneindruck ihrer Überlagerungen innerhalb des
menschlichen Körpers durch ein Fenster verstärkt. Deren
Fenster hat allerdings keinen festen Rahmen. Innerhalb einer Markierungslinie wird das umgebene Gewebe, wie in
Abb. 5.4 dargestellt, immer transparenter.

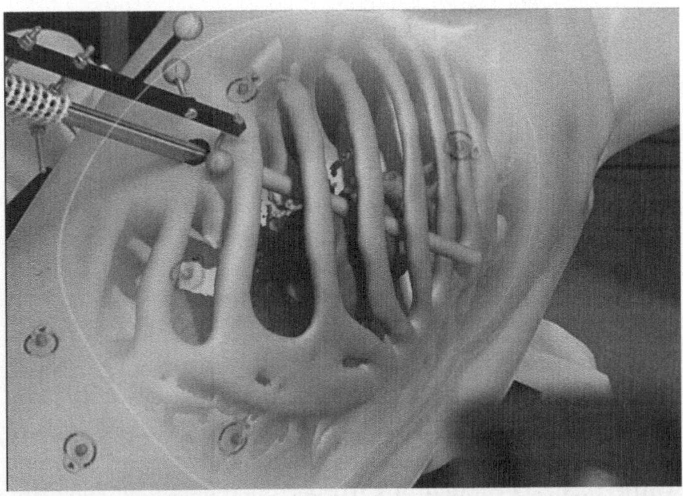

Abb. 5.4. Darstellung von Kontextinformation zur Verbesserung des Tiefeneindruckes (Bild mit freundlicher Genehmigung
von Christoph Bichlmeier [10], ©2007 IEEE)

Um zu dieser Art der Darstellung zu kommen, musste Bichlmeier einige Prototypen entwickeln und verschiedene Varianten ausprobieren und vergleichen. Mehr Informationen dazu finden sich in dem Artikel über den „Vision Channel" [75].

5.2.2 Zielführung bei minimalinvasiver Chirurgie

Im letzten Abschnitt haben wir erfahren, wie der Körper durch AR geöffnet werden kann, um klinische Daten zu präsentieren. Diese Daten können zur Operationsplanung verwendet werden. Dabei muss festgelegt werden, an welcher Stelle Einschnitte für die endoskopischen Geräte platziert werden, um das Operationsgebiet möglichst gut erreichen zu können.

Bauernschmitt et al. [6] untersuchten dazu, wie Operationen innerhalb des Brustkorbes vorbereitet werden können. Im Vorfeld aufgenommene CT-Daten werden verwendet, um die Zielregion am Computer mit einem virtuellen Marker zu markieren. Anschließend werden 3-D-Modelle der endoskopischen Geräte in das Modell eingefügt, um die Platzierung der Einschnitte zu planen. Die Daten der Planung werden gespeichert. Bei der anschließenden Testoperation an einem Plastiktorso werden die geplanten 3-D-Daten der Endoskope und der Einschnittpunkte in einem HMD auf dem Körper überlagert. So kann der Operateur im HMD sehen, wo er schneiden und wie er die Geräte platzieren muss. Zusätzlich kann er die Sicht umschalten, um das Bild der endoskopischen Kamera zu sehen. Auch hier wurde das 3-D-Modell des Körperinneren, im Versuch das Herz, eingeblendet. Der Operateur kann überprüfen, ob er die Zielregion erreichen kann.

AR kann nicht nur für die richtige Platzierung von Objekten außerhalb des Körpers eingesetzt werden. Auch innerhalb des Körpers kann virtuelle Information überlagert werden, um den Operateur zum Ziel zu führen. Ein Projekt beschäftigte sich mit der Entfernung von Krebszellen [71]. Dabei muss jede Krebszelle und möglichst wenig gesundes Gewebe entfernt werden. Um Krebszellen zu erkennen, wird ein Beta-Strahler eingesetzt, der sich an den Krebszellen anlagert. Mit einer Sonde kann die Strahlung der angelagerten Beta-Strahler gemessen werden. Der Ansatz von Wendler et al. [71] war die Erweiterung dieses eindimensionalen Strahlungssignals um dessen 3-D-Position. An der Messsonde wurde dazu ein Trackingtarget angebracht, das zusätzlich zur Strahlung die Position bestimmt (vgl. Spitzenkalibrierung, siehe Abschnitt 3.2.2). Aus den aufgenommenen Daten wird ein farbiges 3-D-Modell erzeugt, das bei der anschließenden Resektion auf dem geschädigten Organ überlagert wird. Durch die Anzeige in der endoskopischen Kamera erkennt der Operateur, wo er Gewebe entfernen muss. Abbildung 5.5 zeigt die gemessenen und überlagerten Aktivitäten in der AR-Ansicht.

5.2.3 Virtual-Mirror

Das Konzept der AR sieht vor, das Sichtfeld des Menschen durch weitere, virtuelle Informationen anzureichern. Eine Informationserweiterung der eigenen Perspektive erfordert, dass der Träger eines AR-Systems um ein Objekt herumgeht oder den Gegenstand umdreht, sofern er die Rückseite sehen will. Denkt man an eine Operation, mag das nicht immer möglich sein. Der Patient liegt auf dem OP-Tisch und kann unter Umständen gar nicht bewegt werden. Um dieses Dilemma zu lösen, entwickelte Bichlmeier einen virtuellen Spiegel [11]. Dieser Spiegel ist vergleichbar mit einem Zahnarztspiegel, besteht allerdings nur aus einem kurzen Griff mit Markertarget. Der Griff hat keinen Stiel mit vor-

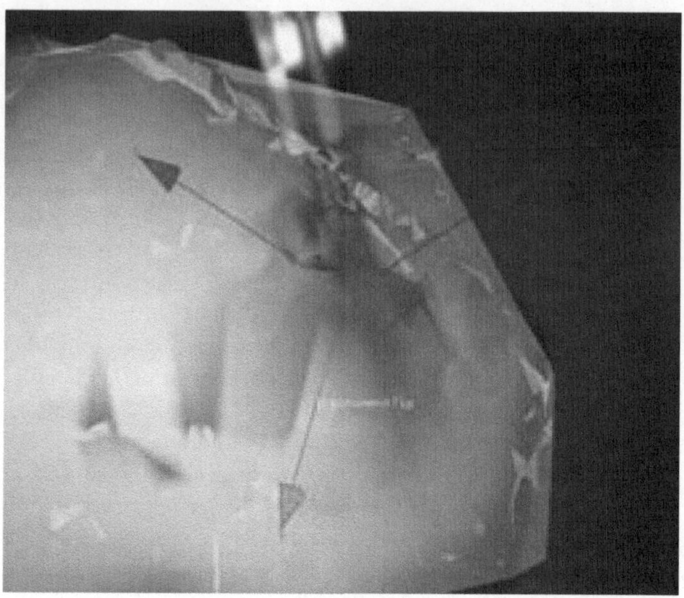

Abb. 5.5. Überlagerung von Messdaten eines Beta-Strahlers zur Tumorresektion (Bild mit freundlicher Genehmigung von Thomas Wendler [71], ©2006 MICCAI Society)

ne abgewinkeltem Spiegel. Das hat den Vorteil, dass der behandelnde Arzt nicht durch eine zusätzliche Öffnung in das Körperinnere eindringen muss.

Bei einer Operation werden dem Operateur in der endoskopischen Kamera z.B. 3-DModelle von Blutgefäßen oder CT-Daten von Knochen eingeblendet. Liegt die zu behandelnde Stelle seitlich oder gar hinter anderen Organen, kann der Arzt mit seinem virtuellen Spiegel trotzdem ein Bild der virtuellen Daten erhalten. Auch kann er die zu behandelnde Stelle aus einer anderen Perspektive betrachten. Die aus-

zuführende Tätigkeit kann damit unter Umständen besser
geplant werden. Abbildung 5.6 zeigt einen virtuellen Spiegel, mit dem die Rückseite der CT Daten einer Wirbelsäule
inspiziert wird.

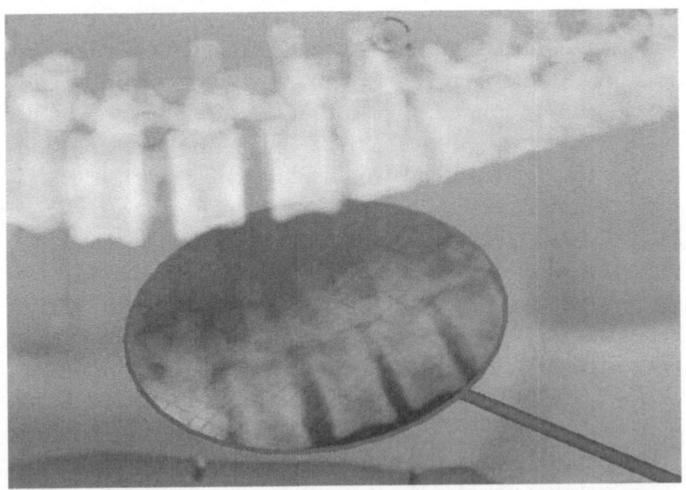

Abb. 5.6. Ein virtueller Spiegel ermöglicht den Blick aus einer
anderen Perspektive (Bild mit freundlicher Genehmigung von
Christoph Bichlmeier [11], ©2009 IEEE)

Realisiert wird ein solcher virtueller Spiegel durch eine weitere virtuelle Kamera im Universum des Renderers.
Diese wird so im Raum platziert, dass der Augpunkt des
Betrachters auf die andere Seite der Ebene der Spiegeloberfläche transformiert wird. Ebenso wird der Blickwinkel auf
den Spiegel auf den FOV dieser Kamera übertragen und
das Frustum als Off-Axis-Frustum angepasst. Das Bild dieser Kamera wird üblicherweise in einen Off-Screen Buffer

gerendert und von dort auf eine Textur der Spiegeloberfläche gemappt.

5.3 Automotive AR

AR hat ein nicht zu unterschätzendes Potenzial für den Einsatz im automotiven Bereich. Erste Schritte dahin wurden bereits unternommen. Seit Anfang des vergangenen Jahrzehntes können Neuwagenkäufer einiger Hersteller als Sonderausstattung ein Head-Up Display (HUD) ordern. Inzwischen werden auch von weiteren Herstellern Systeme zum Nachrüsten angeboten. Die auf dem Markt erhältlichen Systeme sind allerdings noch einige Schritte von einem vollwertigen AR-Display entfernt. Zum einen ist die Bildfläche zu klein, die Displays haben je nach Hersteller eine Breite von bis zu sechs Winkelgrad. Zum anderen fehlt, zumindest in Deutschland, die Erlaubnis, Einblendungen in das Sichtfeld vorzunehmen. Die erhältlichen Systeme werden dennoch geduldet, die Einblendung findet ausschließlich im unteren Sichtbereich der Frontscheibe statt. Bereits diese Displays bringen einen nicht zu unterschätzenden Vorteil. Die Blickabwendungszeit, die Zeit in der das Verkehrsgeschehen nicht wahrgenommen werden kann, wird verringert. Der Fahrer muss den Blick nicht mehr so weit von der Straße abwenden, als wenn er auf ein Innenraumdisplay blickt. Zusätzlich verringert sich die Zeit zum Fokussieren auf eine andere Distanz, da das Display durch eine angepasste Optik in einer größeren Entfernung erscheint. Erreicht werden Entfernungen von $1 - 2m$. Das mag im Vergleich zum Abstand eines Innenraumdisplays nicht viel erscheinen. Allerdings vergehen bereits bei jungen Menschen einige 100 Millisekunden, bis er von $2m$ auf $50cm$ fokussiert hat. Im Alter dauert das länger. Man probiere es aus und fokussiere mehrfach schnell vom Buch auf einen weiter entfernten Gegenstand und zurück.

Bisher werden überwiegend symbolische Informationen in HUDs dargestellt, unter anderem die gefahrene Geschwindigkeit oder symbolische Navigationsinformationen. Was wäre möglich, wenn es großflächige HUDs gäbe? Erste prototypische Entwicklungen von großflächigen HUDs existieren bereits. Welche Ideen existieren, um diese Displays zu nutzen, möchten wir in den folgenden Abschnitten beleuchten.

5.3.1 Nightvision und Großdistanz HUDs

Eine der zuerst genannten Antworten auf die Frage, was man auf großflächigen HUDs anzeigen sollte, ist Fußgänger, oder allgemeiner: Es sollte die Sicht verbessert werden. Mit dieser Fragestellung hat sich Bergmeier im Bereich der Ergonomie an der Technischen Universität München befasst. Er hat ein System [8] entwickelt, mit dem er das Bild einer Infrarotkamera auswertet und in ein großflächiges HUD einspeist. Wenn ein Fußgänger erkannt wird, umrandet das System die Person mit einem roten Rahmen. Abbildung 5.7 zeigt zwei Fotos, die durch das entstandene Nightvision-HUD aufgenommen wurden. Prinzipiell wäre eine derartige Anzeige bei Nebel oder starkem Regen wünschenswert. Dafür ist ein System mit Infrarotkamera allerdings nicht mehr ausreichend. Die Feuchtigkeit in der Luft schirmt die Wärmestrahlung eines menschlichen Körpers zu stark ab. Das vorhandene System eignete sich jedoch, zu testen, ob eine derartige Anzeige einen wirklichen Nutzen liefert.

Dazu führte Bergmeier eine Studie durch, in der er unter anderem ein im Handel verfügbares Nightvisionsystem mit der AR-Anzeige verglich [8]. Das Vergleichssystem zeigt das Kamerabild im zentralen Informationsdisplay an. 27 Ver-

(a) Zwei Personen in 120 m Entfernung   (b) Personen in 60 m Entfernung

Abb. 5.7. Zwei Bilder des Nightvisionsystems durch das HUD fotografiert (beide Bilder mit freundlicher Genehmigung von Ulrich Bergmeier [8])

suchspersonen wurden getestet. Sie mussten beide Varianten ausprobieren und auch ohne jegliche Assistenz Personen erkennen. Ohne jede Assistenz wurden Personen im Schnitt in einer Distanz von ca. $50m$ gesehen. Mit der überlagerten Anzeige im HUD stieg die Entfernung auf ca. $60m$. Das erscheint zwar im ersten Moment als kein allzu großer Unterschied, liegt jedoch über der durchschnittlichen Reichweite eines Abblendlichtes. Auch in Bezug auf die Darstellung einer expliziten Warnung über das Vorhandensein eines Fußgängers konnten Aussagen getroffen werden. Während die Versuchspersonen im Schnitt $1,3s$ benötigten, um eine Warnung im Zentraldisplay zu erkennen, benötigten sie nur $0,65s$, um dieselbe Warnung im HUD zu erkennen. Die direkte Informationsüberlagerung mit umrandeten Personen war allerdings nochmals schneller zu erkennen. Hier wurden im Schnitt nur $0,3s$ benötigt, was einen signifikanten Unterschied ausmacht. Auch die relative Erkennungsrate, d.h. das Erkennen einer sicherheitskritischen Situation an sich, liegt bei einer AR-Anzeige im HUD bei nahezu

100%. Bei der Anzeige im zentralen Display werden nur ca. 39% erkannt.

Um dieses System zu realisieren, musste Bergmeier ein eigenes HUD [9] entwickeln, das einen größeren Sichtbereich abdeckt. Gleichzeitig sollte das HUD den Bedarf für eine fokale Akkommodation so gering wie möglich halten. Auf einer optischen Messschiene platzierte Bergmeier zuerst ein Linsensystem mit Combiner und platzierte daneben ein Display. So konnte er die fokale Ebene des virtuellen Displays verschieben und testen, welche Entfernung am stärksten mit dem menschlichen Entfernungsempfinden korreliert. Eine Entfernung von ungefähr $50m$ lieferte die geringsten Abweichungen. Durch diese große Entfernung konnten am endgültigen System einige Vereinfachungen gemacht werden. So sind z.B. die Parallaxenfehler bei Entfernungen, die von $50m$ abweichen, nur sehr gering und bedürfen keiner Korrektur. Nur sehr nahe Objekte, die in automotiven Anwendungen nicht oft vorkommen, würden eine perspektivische Korrektur erfordern. Da kein Bedarf für eine Parallaxenkorrektur besteht, muss auch die Kopfposition des Fahrers nicht bekannt sein. Es kann auf Tracking im Fahrzeuginnenraum verzichtet werden.

Nachdem die Distanzverhältnisse für das HUD gefunden waren, musste eine fahrzeugtaugliche Konstruktion umgesetzt werden. Schließlich wurde an der Halterung der Sonnenblende eine Glasscheibe als Combiner montiert. Das Bild wurde von einer Linse-Umlenkspiegel-Display-Konstruktion, die anstelle des Beifahrersitzes montiert wurde, erzeugt. Der Combiner wurde so ausgerichtet, dass er das erzeugte Bild für den Fahrer passend einspiegelt. Schließlich galt es, das Bild der Infrarotkamera in dieselbe Perspektive zu rücken. Dies wurde durch eine am Fahrzeugdach angebrachte Halterung erreicht, die einen Träger bis direkt über das Sichtfeld des Fahrers hatte. So konnte die Kamera mit nur geringem Parallaxenfehler sehr nah am vorwärts gerichteten Sichtfeld des Fahrers platziert werden.

5.3.2 Kontaktanaloge Navigationssysteme

Eine andere Idee, die oft genannt wird, wenn nach möglichen oder gewünschten AR-Anzeigen gefragt wird, sind AR-Navigationssysteme. Warum nicht die Navigationspfeile direkt auf die Straße legen? Jede Verwirrung, wohin genau abzubiegen ist, würde damit der Vergangenheit angehören. Ein Aspekt derartiger Systeme wurde an der TU München im Fachbereich Informatik untersucht. Im dort angesiedelten Fachgebiet Augmented Reality wurde ein proprietäres HUD, ähnlich dem von Bergmeier [9] aus dem vorhergehenden Abschnitt, gebaut. Damit wurde untersucht, welche räumliche 2-D oder 3-D-Form eines Navigationspfeils am besten in großer Entfernung zu erkennen ist. In einer Studie [60] wurden drei verschiedene Varianten untersucht, zum einen eine vollkommen flache, zum anderen eine vertikal um $10cm$ extrudierte Form sowie eine an der Oberseite halbrunde Form (s. Abb. 5.8).

Die Studie zeigte, dass die halbrunde Variante signifikant schlechter abschnitt als die beiden anderen. Die halbrunde Form wurde im Schnitt bei $119m$ erkannt, während die $10cm$ hohe eckige Variante bei $149m$ und die flache bei $145m$ Entfernung identifiziert werden konnten. Zurückführen lassen sich diese Erkennungsunterschiede auf die Displaytechnologie. In großer Entfernung besteht ein Navigationspfeil aus sehr wenigen Pixeln. So ist ein Pixel des verwendeten HUD, umgerechnet auf eine Entfernung von $100m$, stattliche $3,5cm$ breit und hoch. Kommt zur geringen Zahl von verwendbaren Pixeln eine komplexe 3-D-Struktur hinzu, bieten auch Antialiasing-Techniken keine Möglichkeit mehr, die Form eines Objektes besser erkenn-

Abb. 5.8. Direkt auf der Straße (hier allerdings ein langer Gang) angezeigter Navigationspfeil; ©2008 IEEE

bar zu machen. Die Form ist schwerer zu erkennen, als die eines einfach strukturierten Objektes. Erschwert wird das Erkennen zusätzlich durch den flachen Winkel, in dem auf diese Pfeile geblickt wird. Die durchschnittliche Höhe der Augen des Autofahrers über der Straße beträgt $1,2m$.

5.3.3 Anzeige eines Bremsbalkens

Eine weitere mögliche Anwendung für HUDs ist die Anzeige der Fahrphysik des eigenen Fahrzeuges. Prinzipiell können verschiedene dynamische und physikalische Eigenschaften grafisch dargestellt werden, z.B. der Haltepunkt bei Vollbremsung, der Sicherheitsabstand bei Folgefahrt oder der mögliche Kurvenwinkel. Die Anzeige audes Lenkradeinschlages ist seit einigen Jahren bereits in Verbindung mit einer

Rückfahrkamera bei einigen Automobilherstellern erhältlich. Technisch sind Systeme, die den Bremsweg mit in ihre
Berechnung einbeziehen, allerdings deutlich schwerer umzusetzen. Die Relativgeschwindigkeit zu einem vorausfahren-
den Fahrzeug kann zwar mit Radarsensoren (wie z.B. dem
Adaptive oder Automatic Cruise Control, dem De-facto-
Nachfolger des Tempomaten) ermittelt werden, der Reib-
beiwert, der Wert der momentan möglichen Bremskraft, jedoch kann nicht ermittelt werden. Die Fahrbahnbeschaffen-
heit auf den kommenden Metern ist nicht bekannt.

Die Idee und sogar erste Umsetzungen einer Brems- oder
Sicherheitsanzeige existieren seit über 30 Jahren. Schon damals entwickelte Bubb ein derartiges HUD [13], allerdings
nicht mit einem Computerdisplay, sondern mit einer ins
Sichtfeld eingespiegelten Stablampe. Die Lampe wurde in
Abhängigkeit zur gefahrenen Geschwindigkeit mechanisch
verschoben. So entstand für den Fahrer der Eindruck als
würde sich ein eingeblendeter auf der Straße quer liegen-
der Strich bei zunehmender Geschwindigkeit immer weiter
entfernen. Für die Anzeige des bei Folgefahrt geringeren
Sicherheitsabstandes musste ein mechanischer Hebel umge-
legt werden.

Dieses Konzept wurde im Computerzeitalter wieder auf-
gegriffen [61]. Statt der Lampe wurde ein Computerdisplay im HUD verwendet. Dort wurde der sog. Bremsbalken
durch einen virtuellen Kubus ersetzt, der die Breite des
Fahrzeuges hat, darüber hinaus eine Höhe von $10cm$ und
eine Tiefe von $50cm$. Je nach Lenkradstellung bewegt sich
dieser Balken links und rechts und dreht sich so, dass er immer die Haltelinie der Vorderkante des eigenen Fahrzeuges
darstellt. Zusätzlich wurde eine zweite Variante entwickelt,
die zum Balken einen sog. Fahrschlauch darstellt. Neben einem verbesserten Gefühl für den Sicherheitsabstand sollte
dieser Fahrschlauch das Einschätzen von Kurven verbes-

sern. Abbildung 5.9 zeigt die volle Anzeige in einer Links-
kurve.

Abb. 5.9. Bremsbalken, der den Haltepunkt bei Vollbremsung
anzeigt und zusätzlich dargestellter Fahrschlauch; ©2007 IEEE

Bevor ein derartiges System auf der Straße getestet werden kann, gilt es zunächst einmal zu überprüfen, ob es überhaupt einen Nutzen hat oder sogar den Fahrer vom Verkehrsgeschehen ablenkt. Darum wurde das System in einem
Fahrsimulator umgesetzt und anschließend in einer Studie getestet. Die Animation des Balkens erfolgte über ein
Einspur-Fahrmodell. Dabei wird das Fahrwerk ähnlich einem Fahrrad mit einer gelenkten Achse vereinfacht und ohne Drift oder Ähnliches dargestellt. Auf der Kreisbahn, die
jede Lenkbewegung beschreibt, kann die Länge des Bremsweges als Kreissegment angetragen und der Haltepunkt berechnet werden. Der Fahrschlauch nutzt dieselbe Berech-
nungsgrundlage. Pro Seite wird ein Polygonzug mit meh-

reren Stützpunkten und seitlichem Offset berechnet. Die anschließende Studie verglich beide Varianten, den Balken mit und ohne Fahrschlauch, miteinander und mit dem Fahren ohne jede Assistenz. Ergebnisse zeigen unter anderem, dass die subjektive Gesamtbelastung bei allen drei Varianten keine nennenswerte Änderung aufweist und die Spurhaltegüte signifikant verbessert wird, je höher der Grad an visueller Assistenz ist.

5.4 Forschung und Entwicklung

In Forschung und Entwicklung, in Bereichen, in denen an neuartigen Systemen gearbeitet wird, ist der Einsatz von AR oft hilfreich, um mit den Neuentwicklungen selbst umgehen zu können. In diesem Abschnitt stellen wir Systeme vor, die in diesen Bereichen entwickelt wurden, um wiederum Entwickler bei ihrer Arbeit zu unterstützen. Das letzte in diesem Abschnitt vorgestellte System bildet insoweit eine Ausnahme, da es ein Forschungsprojekt war. Es wird dennoch hier platziert, da multimodale Interaktion ein Thema der Forschung ist.

5.4.1 Darstellung des Sichtfeldes

Das Digital Human Research Center in Tokyo, Japan, forscht an der Entwicklung von humanoiden Robotern. Die Forscher haben bei der Entwicklung von Wegplanungsalgorithmen das Problem, dass sie während des Betriebs nicht wissen, was der Roboter sieht und wie er seinen Weg plant. Zwar implementieren sie den Algorithmus, müssen sein Verhalten jedoch beobachten, um zu sehen, wie er schließlich agiert. Aus Protokolldaten extrahieren sie, was nicht wie geplant verlaufen ist, modifizieren den Algorithmus und testen erneut.

Um Entwicklungsprozesse zu beschleunigen und um die einzelnen Schritte der Algorithmen besser verständlich zu machen, haben die Entwickler ein Visualisierungssystem entwickelt. Das System visualisiert die Sensordaten und die Wegplanung des Roboters in einer Testumgebung [47]. Der Roboter wurde dazu mit Markern versehen und trackbar gemacht. Mit einem HMD können die Entwickler im Raum umhergehen und sehen, was der Roboter „sieht". Abbildung 5.10(a) zeigt die registrierte Sichtvisualisierung aus der Perspektive des HMD, Abb. 5.10(b) die vom Roboter erkannten Hindernisse und den daraufhin geplanten Weg. Zusätzlich wurde eine Kamera an der Decke montiert, um auf einem Großbildschirm mehreren Personen die Möglichkeit zu geben, die zur Verfügung stehenden Visualisierungen zu betrachten.

So kann zu jedem Zeitpunkt während des Programmablaufes der aktuelle Status direkt und intuitiv erfasst werden.

5.4.2 Visualisierung von Sensordaten

Ein Ansatz, der dem des DHRC ähnlich ist, wurde in München realisiert. In einem Projekt sollten verschiedene Sensoren in einem Fahrzeug zur Personen- und Objekterkennung fusioniert werden. Hier entstand ebenso der Bedarf, selbst zu sehen, was die Sensoren aufnehmen. Auch wurde ein System benötigt, um einfach überprüfen zu können, ob ein Sensor in der richtigen Lage eingebaut ist und funktioniert. Während Funktionstests der Sensoren bei Stillstand möglich sind, werden Erkennungsalgorithmen am besten während der Fahrt getestet. Im Fahrzeug wurde ein Trackingsystem montiert. Ein HMD und ein tragbarer LCD-Monitor wurden mit Markern versehen [62]. Geplant war nicht, den Fahrer mit dem HMD auszustatten, sondern dem Beifahrer

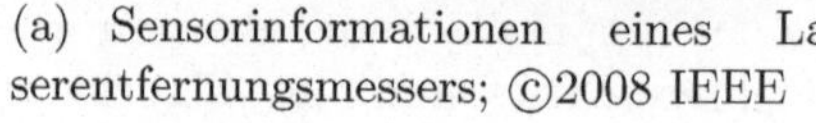

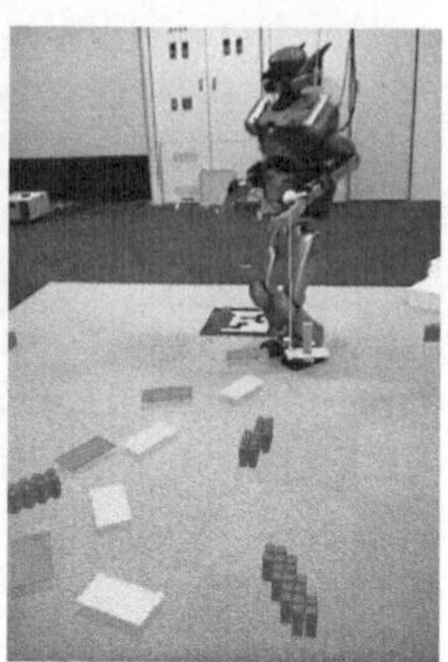

(a) Sensorinformationen eines La-
serentfernungsmessers; ©2008 IEEE

(b) Darstellung der
Wegplanung und der
erkannten Hindernisse;
©2007 IEEE

Abb. 5.10. Überlagerung der Sensor- und Plandaten des Roboters (beide Bilder mit freundlicher Genehmigung von Kazuhiko
Kobayashi [47])

die Möglichkeit zu geben, während der Fahrt das System
zu testen.

Der Einbau des Trackingsystems erforderte ein erhebli-
ches Maß an Versuchen. Während die Marker des Monitors
nahe der Mitte des Beifahrerraumes lagen, waren die des
HMD knapp unterhalb des Fahrzeughimmels. Schließlich
wurde auf der Rückbank, direkt rechts hinter dem Fahrer-
sitz, eine Einmöglichkeit gefunden, die den gesamten Bereich abdecken konnte. In dieser Lage konnten Scheinwerfer
des Gegenverkehrs das Tracking nicht behindern.

Mit dieser Einbaulage war die Raumkalibrierung allerdings schwer durchzuführen. Der Kalibierwinkel konnte nir-
gends abgelegt werden und wurde deshalb auf einen Karton
gestellt. Da die Daten der Sensoren bereits im Koordina-

tensystem des Fahrzeuges vorlagen, musste nur die Transformation zwischen Fahrzeug- und Trackingkoordinatensystem gefunden werden. Diese wurde durch eine absolute Orientierung an einigen bekannten Punkten im Fahrzeug, die im Sichtbereich des Trackingsystems lagen, ermittelt.

Der TFT-Monitor wurde auf der Rückseite mit einer Kamera ausgestattet. Das Bild der Kamera wurde im Hintergrund des Monitors angezeigt. Der Augpunkt des Renderers wurde mit einer statischen Transformation so vor den Monitor gelegt, dass das Sichtfeld in etwa mit dem normalen menschlichen Sichtfeld korreliert, wenn der Monitor in einem angenehmen Abstand zum Körper gehalten wird (vgl. Abschnitt 3.2.5). Die Linse der Kamera wurde nach denselben Kriterien ausgewählt und der entsprechende FOV im Renderer gesetzt. Abbildung 5.11 zeigt das System während einer Probefahrt.

Zu erkennen sind die Daten eines Laserscanners, der einen Laserstrahl zur Entfernungsmessung benutzt. Der Strahl wandert in mehreren Ebenen fächerartig über das Sichtfeld und liefert 12800 Entfernungswerte mit einer Frequenz von 10 Hz. Im Bild sind die Messpunkte farbkodiert. Ganz nah sind orangefarbene Punkte. Mit steigender Entfernung werden sie grün, blau und schließlich rot. Der große farbige Bereich links ist die Mittelleitplanke.

Anfänglich hatte das System starke Schwimmeffekte, das Kamerabild wurde schneller dargestellt, als die Trackingdaten geliefert und verarbeitet werden konnten. Diese Effekte konnten kompensiert werden, indem die Darstellung des Kamerabildes um ca. $20ms$ verzögert wurde (vgl. Abschnitt 3.3.1).

Das System war anfänglich für Testzwecke geplant, bot jedoch neue Möglichkeiten in der Kommunikation zwischen Entwicklern von Sicherheitssystemen und Sensorikern. Beide können sich gegenseitig im Bild zeigen, wo ein neuer Sen-

Abb. 5.11. Darstellung der Daten eines Laserscanners auf einem tragbaren LCD-Monitor; ©2007 IEEE

sor benötigt wird, um mehr Daten zu liefern, oder welche Daten der Sensor eigentlich liefert.

5.4.3 Multimodale AR

Mit der Multimodalität menschlicher Sinne beschäftigte sich Sandor [53]. Er untersuchte, wie der menschliche Tastsinn und das Sehen in AR zusammengeführt werden können. Um den Tastsinn zu bedienen, verwendete er ein Phantom Force-Feedback Gerät. In der Versuchsanwendung sollten virtuelle Tassen bemalt werden. Dazu wurde ein virtuelles Modell einer Tasse für das Force-Feedback Gerät und für das Video See-Through HMD erstellt. Die virtuelle Tasse wurde auf einem handlichen Marker platziert, der Griff des haptischen Gerätes wurde ebenso mit Markern ausgestattet. Er diente als Pinsel und wurde darum mit einem virtuellen Pinsel überlagert, der den gleichen Durchmesser hatte. Dadurch stimmten die Formfaktoren des realen und des überlagerten virtuellen Objektes überein. Auf diese Weise wurde ein tangibles User Interface geschaffen. Der Benutzer sieht und fühlt, dass er einen Pinsel in der Hand hat.

Durch Abstimmung der Koordinatensysteme des Force-Feedback Gerätes, des Trackingsystems und des Renderingsystems konnte der Benutzer auf dem Marker mit der einen Hand eine Tasse halten, während er mit der anderen Hand den Pinsel führt. Wird der Pinsel auf die Oberfläche der virtuellen Tasse gebracht, verspürt der Benutzer einen Gegendruck – er spürt, dass der Pinsel auf der Tasse liegt. Abbildung 5.12 zeigt einen Benutzer beim Malen.

Dadurch, dass das HMD als Video See-Through arbeitet, gibt es die Möglichkeit, aus dem Kamerabild eine Farbe auszuwählen. Bei Versuchen mit dem System sollten Benutzer Bilder von echten Tassen nachmalen. Durch den Farbwahlmechanismus konnten sie die echte Tasse in die Hand nehmen und die zur Originalfarbe passende RBG Farbe auf ihrem Pinsel aufnehmen. Die Farbe konnten sie anschließend auf der virtuellen Tasse verwenden.

5.5 Edutainment

Edutainment ist die Verbindung von Lernen (Education) und Unterhaltung (Entertainment). Da AR für die meisten Menschen noch ein Novum ist, erscheint die Arbeit damit oft unterhaltend. Interaktiv vermitteltes Wissen, oder einfach nur das Arbeiten auf neuartigen Wegen, kann be-

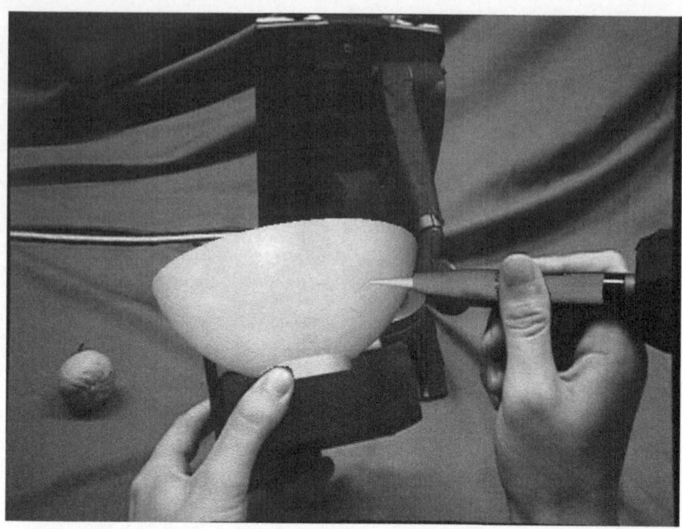

Abb. 5.12. Bemalen einer virtuellen Tasse mit einem virtuellen Force-Feedback Pinsel (Bild mit freundlicher Genehmigung von Christian Sandor [53], ©2007 IEEE)

geistern. Die im Folgenden illustrierten Systeme lassen sich damit im Bereich des Edutainment ansiedeln.

5.5.1 Museumsführer

In Zusammenarbeit mit dem Musée du Louvre, Paris, haben Miyashita et al. [43] zwei Systeme für Museumsbesucher entwickelt. Das eine sollte zur Führung der Besucher von einem Ausstellungsstück zum nächsten dienen. Das andere sollte bei einem Ausstellungsstück zusätzliche Hintergrundinformationen geben, entweder allgemeiner Natur oder spezifiziert.

Der Museumsführer sollte nicht zu schwer sein und trotzdem sollte der Akku die Dauer eines üblichen Museumsbesuches durchhalten. Schließlich wurde ein Mini-Notebook mit weniger als $1kg$ Gewicht als Handheld Display verwendet. Dieses wurde zusätzlich mit einer Webcam ausgestattet. Die Webcam sollte als Eingabe für markerloses Inside-Out Tracking dienen, da keine zusätzlichen Installationen im Museumsbereich gemacht werden konnten. Da die Lichtverhältnisse starken Schwankungen unterliegen und der Museumsbereich an vielen Stellen nur sehr wenig texturiert ist, war reines bildbasiertes Tracking nicht ausreichend. Schließlich wurden die Daten mit denen eines Gyroskops fusioniert (vgl. Abschnitt 3.2.6), um den Besucher sicher auf seinem Weg durch die Ausstellung führen zu können.

Um den Weg anzuzeigen, wurde an Wegpunkten ein kleiner virtueller Fesselballon dargestellt, der in die entsprechende Richtung flog. Zur Interaktion mit den Besuchern wurde ein virtueller Charakter erstellt, der Hubert Robert (1733-1808), einen der Kuratoren des Louvre, darstellt. Dieser Charakter gibt Weginformationen und versucht, den Besucher anzusehen, indem die geschätzte Position des Benutzers ermittelt wird. Damit sollte ein Bezug zum System geschaffen werden. Interviews mit den Besuchern haben gezeigt, dass manche von den Animationen der Routenführung so beeindruckt waren, dass sie stehen blieben und nur die Animation betrachteten.

Das System zur Information am Ausstellungsstück benötigte keinen zusätzlichen Sensor neben dem markerlosen Tracking. Die starke Texturierung erwies sich als ausreichend für markerloses Tracking. Informationen zu dem Ausstellungsstück zeigten direkt auf dem Gegenstand, wie der Künstler seine Technik angewendet hat, wo und wie restauriert wurde, und gaben zusätzliche Hintergrundinformationen. Besucher des Museums konnten mit dem beweglichen Anzeigegerät Fotos machen und waren sehr erfreut, wenn diese am Ende des Rundganges ausgedruckt wurden und mit nach Hause genommen werden konnten.

5.5.2 Interaktive Pflanzenklassifikation

Auch in der Klassifikation von Pflanzen kann AR von Nutzen sein. Um eine Pflanze zuzuordnen, muss der Botaniker oft mit Daten und Bildern aus einer Datenbank vergleichen. White et al. [72] haben sich damit befasst, wie dieser Prozess durch den Einsatz von AR unterstützt werden kann. Sie haben ein mobiles AR-System entwickelt, mit dem ein direkter visueller Vergleich Seite an Seite zwischen Datenbankeinträgen und einer vorliegenden Probe möglich ist. Da der Botaniker das Probeexemplar in der Hand halten und unter Umständen zusätzliche Daten notieren muss, war ein System gefordert, das die Benutzung der Hände möglichst wenig erfordert. Neben anderen Varianten mit Handheld-Computern wurde ein HMD mit einer Kamera als Basissystem untersucht. Der Handheld-Computer wurde später als unhandlich beschrieben, da er zusätzlich gehalten werden musste. Um Interaktion durch Kopfgesten zu ermöglichen, wurde zusätzlich ein Gyroskop an der Trägereinheit am Kopf angebracht. Der Benutzer kann eine Probe der Pflanze auf einem Klemmbrett befestigen. Durch das Klemmbrett ändert sich wenig am bisherigen Arbeitsprinzip. Am Klemmbrett befindet sich im neuen System ein Marker. Durch diesen Marker wird die Bildverarbeitung der festgeklemmten Pflanzenprobe auf dem Klemmbrett kontrolliert und die Suchergebnisse werden daneben angezeigt. Abbildung 5.13 stellt eine solche Ergebnisanzeige dar.

In einer Systemvariante konnte die Liste durch Kopfgesten durchlaufen werden. Die Richtung, in die der Kopf

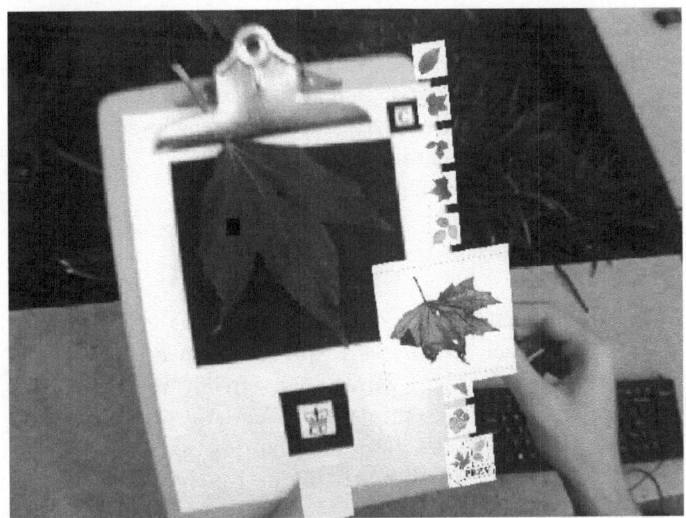

Abb. 5.13. Darstellung der Suchergebnisse zur Klassifikation einer Pflanze (Bild mit freundlicher Genehmigung von Sean White [72], ©2006 IEEE)

bewegt wird, scrollt die Liste in der gleichen Richtung. Mit einem zusätzlichen Marker kann der Benutzer ein Suchergebnis auswählen. Das gewählte Bild wird auf den Marker und der Benutzer kann nun das Bild näher zu sich holen, um es genauer zu inspizieren. Wendet er den beidseitig bedruckten Marker, erhält er eine Gesamtansicht der Pflanze.

Beobachtungen und Erfahrungen mit dem System zeigten, dass Botaniker die Arbeit mit den greifbaren Markern gerne durchführten und auch die Idee des Wendens eines Markers attraktiv fanden. Während der einzelne Marker des Öfteren näher zum Auge gebracht wurde, um ein größeres Bild der ausgewählten Pflanze zu erhalten, wurde das

Klemmbrett selbst nicht näher zur Kamera gebracht, um
die Ergebnisliste zu vergrößern. Obwohl dasselbe Prinzip
zugrunde liegt, offenbarte sich diese Möglichkeit nicht direkt. Nachdem die Benutzer darauf hingewiesen wurden,
wurde auch diese Technik verwendet.

5.6 Spiele

Auch bei Spielen werden die Möglichkeiten der AR eingesetzt. Zum Abschluss dieses Kapitels sollen kurz zwei davon vorgestellt werden. Zum einen ein älteres Spiel, das
vollständig in die AR eintaucht, die Portierung des First-
Person-Spieles „Quake", zum anderen das Spiel „Eye of Ju-
gement", das Elemente der AR in den Spielverlauf mit einbezieht.

5.6.1 AR-Quake

Der Source Code des sog. First-Person-Spiels „Quake" wurde einige Zeit nach Veröffentlichung des Spieles freigegeben.
Thomas et al. [58] haben die Grafikengine dieses Spieles an
ihr portables AR-System angepasst und ein AR „Quake"
umgesetzt. Wie Abb. 5.14 zeigt, kann der Spieler sich frei
auf dem Gelände bewegen.

Das AR-System nutzt ein GPS zur groben Positionie-
rung und einen digitalen Kompass zur Richtungsangabe.
Zusätzlich wurde ein Markertracker als Inside-Out System
integriert. Im Spielbereich wurden dazu einige sehr große
Marker an Wänden verteilt. Einige Gebäude wurden im
Spiel nachgebildet, um Verdeckungen darstellen zu können.
So können sich Spieler bzw. Gegner hinter Ecken verstecken.
Problematisch erwies sich während der Umsetzung, dass im
Allgemeinen eher dunkle Gegner in „Quake" agieren. Diese

Abb. 5.14. Das Spiel „Quake" in der AR-Umsetzung

wären bei Tageslicht im HMD nicht wahrnehmbar gewesen. Darum konnten nur einige wenige, eher helle Charaktere in die AR-Variante übernommen werden.

5.6.2 Eye of Judgement

Das Spiel „Eye of Judgement" bindet Elemente der AR in den Spielverlauf mit ein. Im Prinzip ist es ein Brettspiel für die Playstation 3. Der Spielplan wird auf den Tisch gelegt und eine Digitalkamera auf das Spielfeld gerichtet. Die Spieler legen ihre Karten, die jeweils einen Spielcharakter darstellen, auf das Spielfeld. Auf dem Fernseher können die Spieler zusehen, wie die Figuren auf den Karten zum Leben erwachen und gegeneinander antreten. Vereinfacht gesagt, sind die Karten Marker, das System erkennt diese und zeigt die dazugehörende Figur an. Der Spielverlauf ändert sich je nachdem, wo eine Karte auf dem Spielfeld platziert wird und welche Karten daran anschließen.

6

Ausblicke

Die letzten Kapitel stellten die drei großen Bereiche der AR und verschiedene Anwendungen vor. Wir haben gesehen, wie ein AR-System dem Betrachter Informationen dargestellt, wie durch den Einsatz von Trackingsystemen die Positionierung von Objekten automatisiert wird und schließlich, wie wir mit AR Systemen interagieren können.

Wer aber beginnt, seine eigenen großen Pläne in einem eigenen System umzusetzen, wird schnell feststellen, dass eine Sache fehlt. Das Trackingsystem hat eine eng begrenzte Reichweite – wie können wir uns mit einem AR-System in einem größeren Gebiet bewegen?

Mit dieser Fragestellung und einigen weiterführenden Themen wollen wir uns in diesem Kapitel befassen. Zunächst beschäftigen wir uns mit dem Begriff der Ubiquitous Augmented Reality und betrachten anschließend mögliche Zukunftstrends der AR.

M. Tönnis, *Augmented Reality*, Informatik im Fokus,
DOI 10.1007/978-3-642-14179-9_6,
© Springer-Verlag Berlin Heidelberg 2010

6.1 Ubiquitous Augmented Reality

Unabhängig von der Entwicklung der AR hat Weiser 1995 in seinem Artikel „The computer for the 21st century" [68] (mehr dazu unter [69]) den folgenden Satz geschrieben: *The most profound technologies are those that disappear.* Weiser sprach von einer Welt, in der Computer nicht länger große Kisten sind, die in den Büros stehen, sondern dass sie verschwinden hinter der Fassade der Welt. Sie sind eingebettet in unsere Geräte, in alltägliche Gegenstände und in die Umgebung, wobei sie alle miteinander vernetzt sind. Wir haben die Möglichkeit, immer und jederzeit auf deren Funktionalität zuzugreifen, Informationen abzurufen und mit *dem* System zu interagieren: *Ubiquitous Computing.* Nach Weiser kann Ubiquitous Computing

- viele Computer in der physikalischen Umgebung verfügbar machen,
- Computer gegenüber dem Benutzer gewissermaßen unsichtbar machen und
- die Eigenschaften der realen Welt bewahren und erweitern .

Wenn zusätzlich alle oder zumindest einige dieser allgegenwärtigen (ubiquitären) Einheiten mit Sensoren ausgestattet sind, entsteht eine neue Form der Interaktion. Interessant wird dies für AR durch die für weitläufige Anwendungen notwendige Sensorik zur genauen Positionsbestimmung. Das AR-System kann sich mit den Geräten in der Nähe verbinden und deren Sensordaten, oder bereits aggregierte Daten mehrerer Sensoren, abgreifen, um notwendige Trackingdaten zu erhalten. Während bisherige AR-Systeme meist stationär und monolithisch aufgebaut sind, werden oder sollten weitläufige Systeme somit einen dezentralen Ansatz verfolgen [46].

MacWilliams prägte darauf aufbauend den Begriff der *Ubiquitous Augmented Reality* (UAR) [39] und kombinierte die Definitionen der AR (vgl. Abschnitt 1.1) und des Ubiquitous Computing. MacWilliams definiert somit folgendermaßen: Ubiquitäre Augmented Reality

- erweitert die reale physikalische Umgebung mit virtueller Information,
- ist interaktiv in Echtzeit,
- ist im Raum registriert,
- ist in einer großen physikalischen Umgebung verfügbar
- und ermöglicht sowohl immersive Interaktion als auch dezente Assistenz.

Um diesem Ziel näher zu kommen, erforschte er die Umsetzung und Verwendbarkeit von dynamischen Ad-hoc-Netzwerken für AR-Systeme. Systeme werden durch einzelne Komponenten dargestellt. Komponenten sind Trackingsysteme, Fusionskomponenten, Renderer, aber auch Prozesse, die den Benutzer darstellen, und solche, die die Anwendungslogik oder Teile davon darstellen. Jede Komponente, oder wie sie im System heißt, jeder Dienst (Service), hat eine Sammlung von Bedarfen (Needs) und Möglichkeiten (Abilities). Äußert der Benutzer einen Bedarf nach einer bestimmten Anwendung, überprüft das Managementsystem, ob dieser Bedarf erfüllt werden kann. Dabei wird der Abhängigkeitsgraph vollständig durchlaufen. Erst wenn alle Bedarfe erfüllt werden können, wird die Anwendung gestartet. Da alle einzelnen Dienste vollkommen transparent über Netzwerke kommunizieren können, ist es dabei unerheblich, auf welchem Rechner sie gestartet werden. Über die jeweilige Verbindung von Bedarfen und Möglichkeiten können Parameter verteilt werden. Konfigurierbare Parameter können die geforderte Trackinggenauigkeit oder die Art der Visualisierung im System sein.

Aufbauend auf diesen Ideen wurde ein prototypisches Framework, DWARF [5] genannt, entwickelt. Mit diesem Framework wurden einige, teilweise grundverschiedene Systeme gebaut. Hier soll ein Beispiel gegeben werden, um die Tauglichkeit für UAR zu demonstrieren. In einer Anwendung, die in der Arbeit von Wagner [67] beschrieben wird, kann der Benutzer in einem Raum mit Trackingsystem ein virtuelles Objekt auf ein Schäufelchen aufnehmen, den Raum verlassen und in einen anderen Raum mit einem anderen Trackingsystem gehen. Das System erkennt dabei, dass keine Trackingdaten mehr vom ersten System vorliegen und äußert einen neuen Bedarf nach Trackingdaten. Dieser Bedarf ist mit einer Ortsinformation parametrisiert, woraufhin das Gesamtsystem eine neue Quelle für die Trackingdaten, den Tracker aus dem anderen Raum, liefert und automatisch mit der Anwendung verbindet.

Das mag im ersten Moment nach einer banalen Anwendung klingen. Dabei ist allerdings zu beachten, dass das gesamte System selbst nicht fest verdrahtet ist und damit auch mit spontanen Wechseln in der Infrastruktur klarkommen muss. Auch handelte es sich nicht nur um ein experimentelles System, sondern auch um eine experimentelle Infrastruktur. An beiden Teilen wurde zur gleichen Zeit geforscht. Entwickler und Forscher sind dazu gezwungen, eine Vielzahl von technischen Problemen gleichzeitig zu behandeln und stets zu unterscheiden, was Teil der Infrastruktur ist und was Teil einer Anwendung.

Neben einer Vielzahl von Forschungsergebnissen zeigte die Arbeit an dem Ad-hoc-Netzwerk, dass vor allem die Verarbeitung der Trackingdaten einen großen Aufwand darstellt. Verschiedene Trackingsysteme müssen kalibriert werden, die Daten müssen fusioniert werden und können dann erst an die Anwendung weitergegeben werden. Aus diesem Problem entstand das Projekt Ubitrack [28]. Der primäre

Fokus dieses Projektes liegt darauf, den Entwickler eines AR-Systems von der Arbeit mit Trackingsystemen zu befreien. Das Konzept beruht auf sog. „Spatial Relationship Graphs" (SRG). In dem SRG werden alle in einer Anwendung vorkommenden Trackingsysteme und die davon getrackten Objekte in eine relative räumliche Abhängigkeit zueinander gestellt. Knoten stellen das räumliche Gefüge der beteiligten Komponenten dar. Die Kanten zwischen den Knoten des Graphen spiegeln die Transformationen wieder. Häufig wiederkehrende Berechnungen, wie Inversion, Konkatenation, aber auch Hand-Eye Kalibierungen sind als vorgefertigte Anwendungsmuster (Patterns) hinterlegt und können auf die Kanten gelegt werden. Aus diesen Mustern erstellt das Ubitracksystem einen Datenflussgraphen, der alle benötigten Transformationen berechnet. Die Anwendung, die Trackingdaten erhalten möchte, spezifiziert, von welcher Kante im SRG sie Daten erhalten möchte und wird bei Ausführung des Datenflusses damit beliefert. Durch den Einsatz von Ubitrack entfällt somit das manuelle, oft fehleranfällige Handling mit Transformationen.

6.2 Zukunftstrends

Noch sieht man fast nie AR-Benutzer auf der Straße und wenn, meist in der Nähe von Universitäten. Es gibt einige Indizien, dass sich das in Zukunft ändern könnte. Wir wollen hier zunächst drei Bereiche sichten, die alle relevant für die weitere Verbreitung von AR sind: die weiter voranschreitende Vernetzung, die Entwicklung der Displaytechnologie und die Qualität der Trackingsysteme. Im Anschluss erläutern wir kurz die Frage, wie ein ubiquitäres AR-System selbst mit den notwendigen Daten gefüttert werden kann. Schließlich wollen wir kurz einige ethische Fragen aufwerfen und zum Schluss einen Blick auf den sog. Hype Zyklus werfen, um zu sehen, wo die AR momentan in ihrer Entwicklung steht.

Vernetzung

In Deutschland gibt es mehr Mobiltelefonverträge als Einwohner. Die Mobilfunkkonzerne versuchen mit neuen Angeboten die Handybesitzer zu überzeugen, auf einen Breitbandvertrag zu wechseln. Moderne Mobiltelefone bieten neben Telefonie und SMS eine Vielzahl von zusätzlichen Anwendungen, sog. Apps. „Location-based Services" wie Restaurant- oder Haltestellensuche sind kein Problem mehr. Handys können ihre Position nicht nur über das Handynetz selbst, sondern auch über eingebaute GPS-Empfänger und sogar über im Netz gespeicherte Positionen von WLan Access Points bestimmen. Die Bandbreite, die über UMTS und HSDPA möglich ist, ermöglicht zwar noch keine Datenübertragung in Echtzeit. Mit kurzer Verzögerung können jedoch ausreichend große Datenmengen übertragen werden, um sogar Filme auf dem Mobiltelefon anzuzeigen.

Auch ohne Handys wäre zumindest in städtischen Umgebungen eine ausreichende Netzabdeckung vorhanden. Wer sein Notebook an einem beliebigen Ort aufklappt und nach einem WLan sucht, wird wahrscheinlich von der Anzahl der verfügbaren Netzwerke überrascht sein. Die Mehrheit dieser Netzwerke ist zwar zugangsbeschränkt, jedoch zeigt die reine Existenz, dass hier viele Möglichkeiten existieren.

Displaytechnologie

Gegen Ende der 1990er Jahre versuchten einige Hersteller von Unterhaltungselektronik HMDs für den Endbenutzer auf den Markt zu bringen. Damals wurden einige verkauft, jedoch nicht genug, um zu einem Selbstläufer zu werden. Es gab zu wenige Menschen, die ihre Computerbrille verwendeten und sei es zum Ansehen von Filmen. In letzter Zeit steigt die Zahl von Herstellern von HMDs wieder an. Zielgruppe sind diesmal die Besitzer von Mobiltelefonen und tragbaren Multimediaplayern. Die Brillen sind an die Displayqualität der Speichergeräte angepasst und sehen filigraner aus als vor zehn Jahren. Der Preis dieser Displays liegt in einem vertretbaren Rahmen, um als Gadget einen breiteren Markt anzuziehen.

Qualitativ hochwertige HMDs mit deutlich höherer Auflösung kosten immer noch mehr Geld. Falls aber der Endbenutzer dieses Mal ein größeres Interesse an dieser Art von Displays zeigt, könnte der Weg für die nächste, günstigere Generation von HMDs geebnet werden.

Trackingsysteme

Nachdem Trackingsysteme für Flachmarker seit bald einem Jahrzehnt als Open Source verfügbar sind, wurden in den letzten Jahren einige andere Systeme, auch markerlose Trackingsysteme, freigegeben. Um diese zu nutzen, muss man meist ein halbwegs technisch versierter Programmierer sein und möglichst auch Kenntnisse in projektiver Geometrie und Tracking haben. Die Qualität des Trackings hat jedoch in den letzten Jahren signifikante Fortschritte gemacht. Bei den kommerziellen Trackingsystemen sind inzwischen kostengünstige Alternativen auf dem Markt erhältlich.

Die meisten Trackingsysteme sind zwar Insellösungen, die einen bestimmten Bereich in der angegebenen Genauigkeit tracken, aber die Forschung befasst sich seit Jahren mit verschiedenen Ansätzen der Sensorfusion. Systeme wie Ubitrack, die dieses Ziel verfolgen und zugleich dem Benutzer das Hantieren mit Transformationen abnehmen, sind

sicherlich ein Schritt in die Richtung, Tracking ubiquitär
verfügbar zu machen.

User-generated Content

Wenn die Infrastruktur für ein allgegenwärtiges AR-System
existieren würde, stellte sich die Frage, wer es mit Inhalten
füllt. Es gilt einerseits, die gesamte Umwelt in 3-D zu tracken, bzw. diese Daten in Anwendungen vorliegen zu haben
und ggf. nur Korrekturen vorzunehmen. Andererseits muss
natürlich auf die Wünsche der Nutzer eingegangen werden.
Die Frage, was der Benutzer machen will, muss beantwortet
werden und die zugehörigen Daten müssen der Infrastruktur zugeführt werden. Das rasante Wachstum der sog. Web
2.0 Plattformen kann als Fingerzeig für die Bereitschaft des
Einzelnen gesehen werden, der Allgemeinheit mehr priva-
te Informationen zukommen zu lassen. Jeder Einzelne kann
seine persönlichen Gerätschaften nutzen, um 3-D-Karten
und Bewegungsmodelle in das System einzuspielen. Mit diesem Thema haben sich Wither et al. [76] unter anderem
befasst. In ihrem AR-System trägt der Benutzer zusätzlich
einen Laserentfernungsmesser an seinem HMD. Wohin der
Benutzer auch blickt, die Entfernung wird mit der Pose
des Benutzers aufgezeichnet. Daraus wird eine Tiefenkar-
te erstellt. Zusätzlich kann der Benutzer in der Umgebung
Labels, oder Annotationen, anbringen, um Gebäude oder
Gegenstände mit Informationen zu versehen. So kann jeder
Nutzer eines AR-Systems passiv oder aktiv zur Erweiterung
des Wissens der AR-Infrastruktur beitragen.

Ethische Fragen

Schon der letzte Abschnitt stellte einige Fragen ethischer
Natur in den Raum. Will ich, dass an meinem Haus ein

virtuelles Label klebt, das Informationen über mich preisgibt? Die Systeme alleine sollten schon anregen, sich zu hinterfragen und mit anderen zu diskutieren.

Wer will ein System benutzen, das die eigene Position kontinuierlich jedem anderen verfügbar macht? Bereits heute kann man seine Position mit Mobiltelefonen an Freunde weiterleiten oder sie sogar im Internet öffentlich anzeigen lassen.

Wollen Menschen wirklich Bauteile eines tragbaren Computers am Körper tragen? Ein Handy ist zunächst einmal ein Telefon, aber was ist, wenn das Handy mit der Brille verbunden wird?

Wollen Menschen, dass ihre Realität erweitert oder sogar verändert wird?

Wie abhängig von Computersystemen wollen wir werden?

Neben den technischen Fragen und Problemen müssen diese Fragen zufriedenstellend beantwortet werden, um UAR erfolgreich zu machen.

AR im Hype Zyklus

Der sog. Hype Zyklus [22] stellt dar, wie eine neue Technologie in der Öffentlichkeit wahrnehmbar wird. Auf der Y-Achse des Diagramms wird der Grad der erkannten Aufmerksamkeit aufgetragen, die X-Achse beschreibt die Zeit seit Bekanntgabe der Technologie. Mathematisch betrachtet handelt es sich um das gedämpfte Abklingen einer Schwingung mit nur zwei Ausschlägen. Gemäß seiner Definition ist der Hype Zyklus in fünf Phasen unterteilt. In der ersten Phase, der *technologischen Auslösung*, wird die Technologie bekanntgemacht, Projekte beginnen und stoßen auf beachtliches Interesse. Die zweite Phase, *Gipfel der überzogenen Erwartungen* genannt, ist geprägt von enthusiastischen Berichten und von unrealistischen Erwartungen. Die

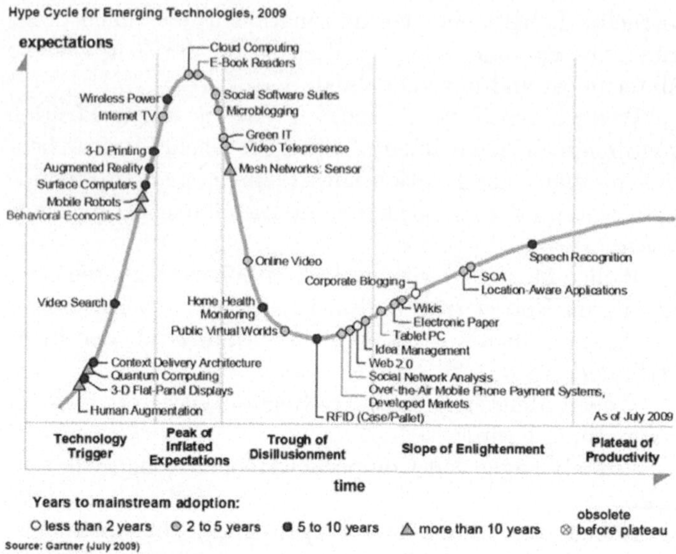

Abb. 6.1. Im Hype Zyklus von 2009 befindet sich die AR im ersten Aufschwung. (Bild mit freundlicher Genehmigung von Gartner, Inc.)

Technologie ist auf dem Gipfel der Aufmerksamkeit. Darauf folgt die dritte Phase, das *Tal der Enttäuschung*. Weil die neue Technologie nicht alle Erwartungen erfüllen kann, nimmt die Zahl der Berichterstattungen ab, die Aufmerksamkeit sinkt auf den Tiefpunkt. In der vierten Phase folgt der *Pfad der Erleuchtung*. Die neue Technologie wird realistisch betrachtet, ausgefeilte Anwendungen kommen auf den Markt, und es wird wieder stärker über die Technologie berichtet. Schließlich kommt die Technologie in die fünfte Phase und erreicht das *Plateau der Produktivität*. Die neuen Möglichkeiten werden als Vorteile anerkannt und akzeptiert. Im Allgemeinen werden in dieser Phase bereits die zweite und dritte Generation von Systemen entwickelt.

In der in Abb. 6.1 dargestellten Auswertung der Gartner Group von 2009 [25] befindet sich die AR in der ersten Phase. Nach Vorhersage wird es noch fünf bis zehn Jahre dauern, bis das Plateau der Produktivität erreicht wird. Um dahin zu kommen, muss allerdings der Gipfel der überzogenen Erwartungen überschritten werden. Solch überzogene Erwartungen gibt es bereits für AR auf Mobiltelefonen. Es existiert eine Reihe von sog. AR-Anwendungen, die Lexikoneinträge, Tourismus- oder Gastronomieinformationen im Kamerabild überlagern. Durch die Medien werden hohe Erwartungen an diese neuartigen Möglichkeiten geschürt, die aber mit den zur Verfügung stehenden Mitteln nicht erfüllt werden können. Allein die hohen Anforderungen and die Genauigkeit der momentan in Mobiltelefonen verbauten Sensoren zur Lagebestimmung können nicht ausreichend gehalten werden, um eine genaue Platzierung der Icons zu ermöglichen. Die aufgebauten Erwartungen werden nicht erfüllt und führen damit zu Enttäuschungen.

7

Fazit

Das vorhergehende Kapitel kann derart aufgefasst werden, dass wir bald in einer augmentierten Welt leben werden und jederzeit von weiteren Informationen und zusätzlichen 3-D-Objekten umgeben sind. Man neigt dazu, das Bild der Holobench aus Star Trek in die Realität zu übertragen. Virtuelle Objekte schmiegen sich perfekt in die Realität ein und sind nicht mehr von anderen zu unterscheiden. Die Zukunft ist nicht vorherzusehen, aber in den kommenden Jahren werden virtuelle Objekte noch als solche erkennbar sein. Sie werden nicht genau platziert sein, werden hier und da im Bild springen und nicht die plastische Tiefe von echten Gegenständen haben. Wie bei der VR sind die Erwartungen sehr hoch gesteckt und mit den in Augenblick zu Verfügung stehenden Mitteln nicht erreichbar. Es mag zu erwarten sein, dass die Kosten für qualitativ hochwertige Ausrüstung und der zeitliche Aufwand, um ein AR-System in Betrieb zu nehmen, in den kommenden Jahren sinken. Die Leistung von Grafikkarten und Prozessoren scheint in immer neue Dimensionen vorzustoßen und AR Frameworks werden langsam erwachsen.

M. Tönnis, *Augmented Reality*, Informatik im Fokus,
DOI 10.1007/978-3-642-14179-9_7,
© Springer-Verlag Berlin Heidelberg 2010

Mit diesem Buch soll eine Bresche für diejenigen geschlagen werden, die jetzt ihre eigenen Ideen umsetzen wollen. Wenn auch ein Buch dieses Umfangs keines der behandelten Themen in vollem Tiefgang erläutern kann, haben wir doch einiges Handwerkszeug, um AR-Systeme zu bauen. Weiterführende Literatur weist den Weg, wenn in einem Bereich vertieftes Wissen von Nöten ist.

Dem Leser möchte ich aber noch Eines mit auf den Weg geben. AR stellt einen vollkommen neuen Bereich der Informationsdarstellung und der Interaktion dar. Aber muss allein durch das Vorhandensein der Möglichkeit, etwas in AR umzusetzen, das der beste Weg sein? Manchmal mag es einfach sinnvoller sein, ein kleines Handheld-Gerät zu verwenden, als eine unter Umständen unnötig umständliche und komplizierte 3-D-Technik zu entwickeln. Der traditionelle Weg der Interaktion mit einem Computer ist länger erprobt und durchaus ausgereift.

Jetzt aber wünsche ich dem Leser viel Spaß beim Entwickeln der eigenen AR-Anwendungen und nicht verzweifeln, wenn nichts zu sehen ist. AR wurde schon oft mit der Suche nach dem Osterei verglichen. Alle Transformationen scheinen richtig und in der richtigen Reihenfolge aufmultipliziert zu sein, aber es ist nichts zu sehen. Wir drehen unsere Kamera in alle Richtungen und irgendwann taucht in einer Ecke ein Teil dessen auf, was man eigentlich schon lange ganz wo anders zu sehen erwartete. Das ist normal und passiert gerade am Anfang des Öfteren. Mit der Zeit stellt sich ein Gefühl für Koordinatensysteme und Matrizen ein.

Wagen wir den Blick in die erweiterte Realität und halten wir die Augen und Ohren offenfür neue Entwicklungen in der AR. Wir werden davon hören – und wir werden es *sehen*.

Lösungen

Zu den Programmierübungen wird teilweise Rahmencode vorgegeben. Dieser und die Lösungen dazu sind auf der Webseite des Autors[1] zu finden.

Übung 1 aus Abschnitt 2.3

Zu allererst muss das Fenster der OpenGL-Anwendung natürlich auf das gleiche Größenverhältnis gesetzt werden wie es das Bild der Kamera hat.

Dann muss die Projektionsmatrix gesetzt werden. Am einfachsten ist die Projektionsmatrix über die Funktion gluPerspective zu setzen:

```
gluPerspective(15.8f, 1.5f, 0.1f, 100.0f);
```

Die Projektionsmatrix kann aber auch aus den gegebenen Werten berechnet und gesetzt werden. Dazu berechnen wir $\eta = 2 * 56,8\,mm/15,8\,mm = 7.190$ und setzen in die Matrix:

---

[1] Webseite des Autors: `http://www.toennis.de/AR-Buch/`

M. Tönnis, *Augmented Reality*, Informatik im Fokus,
DOI 10.1007/978-3-642-14179-9,

```
static double matrix[16] =
        {4.793, 0, 0, 0,
         0, 7.190, 0, 0,
         0, 0, -1.002, -1,
         0,0, -0.2002, 0};
glLoadMatrixd(matrix);
```

Um alle Objekte unabhängig voneinander zu zeichnen, rufen wir vor jeder zu einem Objekt gehörenden Transformation

```
glPushMatrix();
```

auf und gehen nach den Transformationen und dem Zeichnen mit

```
glPopMatrix();
```

wieder zurück zur Ausgangsposition.

Um den Würfel um die halbe Höhe der Kantenlänge von 16 *cm* nach oben zu verschieben, bauen wir direkt vor dem Zeichnen des Würfels noch eine zusätzliche Translation ein:

```
glTranslatef(0.0, 0.0, 0.08);
```

Übung 2 aus Abschnitt 3.4

Kompilieren von Sourcecode

Kompilieren der Projekte (simple und calib_camera2, aber auch aller anderen Projekte, z.B. calib_distortion und calib_cparam) des AR Toolkit. Einstellungen in den Projekt Properties:

- C/C++ → General → Add. Include Dir: ARToolKit-2.65/DsVideoLib/src/ aufnehmen

- Linker→ Input → Add. Dependencies: **glut32.lib** aufnehmen
- Wird die Library **LIBCD.lib** nicht gefunden so kann sie in den meisten Fällen ignoriert werden: Linker→ Input → Ignore Spec. Libs: **LIBCD.lib** eintragen

Tracken mehrerer Marker

Nach dem Laden der gewünschten Markerbeschreibungen müssen diese auch verwaltet werden. Dazu ist zumindest eine Datenstruktur notwendig die die Marker-ID und die zugehörige Transformation speichert. Dies kann z.B. über ein **struct** erreicht werden, von dem die notwendige Anzahl in einem Array gespeichert wird.

```
typedef struct {
        int id;  // patt_Id
        int visible;
        double marker_center[2];
        double marker_width;
        double trans[3][4];
} MarkerData;
```

```
MarkerData *objects;
```

Dabei ist darauf zu achten, dass auch **marker_center** und **marker_width** gesetzt werden, wenn die structs initialisiert werden.

Nun muss auch die gefundene Transformation und die damit verbundene Sichtbarkeit jedes Markers verwaltet werden.

```
for( i = 0; i < objectnum; i++ ) {
  k = -1;
  for( j = 0; j < marker_num; j++ ) {
```

```c
        if ( objects[i].id == marker_info[j].id
             ) {
          if ( k == -1 ) k = j;
          else if ( marker_info[k].cf <
              marker_info[j].cf ) k = j;
        }
      }

    if ( k == -1 ) {
      objects[i].visible = 0;
      continue;
    }

    if (objects[i].visible == 0) {
      arGetTransMat(&marker_info[k], objects
          [i].marker_center, objects[i].
          marker_width, objects[i].trans);
    } else {
      arGetTransMatCont(&marker_info[k],
          objects[i].trans, objects[i].
          marker_center, objects[i].
          marker_width, objects[i].trans);
    }

    objects[i].visible = 1;
}
```

Schließlich muss auch die draw Funktion erweitert werden, um nun auch mehrere Marker verarbeiten zu können.

```c
static void draw(MarkerData *objects, int
    objectnum);
```

Übung 3 aus Abschnitt 4.3

Die Erdbeschleunigung ist $g = 9,81 m/s^2$.

Die Funktion, die eine Position $p = (x, y, z)^T$ abhängig von der Zeit t und einem Ausgangspunkt $p_0 = p(t = 0) = (x_0, y_0, z_0)^T$ beschreibt, wobei Geschwindigkeit $v = (v_x, v_y, v_z)^T$ und Beschleunigung $a = (a_x, a_y, a_z)^T$ einfließen, ist

$$p(t) = p_0 + v_0 t + \frac{1}{2} a_0 t^2$$

Die Geschwindigkeit zum Zeitpunkt t ist

$$v(t) = v_0 + a_0 t$$

Literaturverzeichnis

1. ARVIKA. Augmented Reality für Entwicklung, Produktion und Service. http://www.arvika.de/ [18. März 2010], 1999.
2. Ben Avery, Christian Sandor, and Bruce H. Thomas. Improving Spatial Perception for Augmented Reality X-Ray Vision. In *Proceedings of the IEEE Conference on Virtual Reality*, pages 79–82, Lafayette, Louisiana, USA, March 2009.
3. R.T. Azuma. A Survey of Augmented Reality. *Presence-Teleoperators and Virtual Environments*, 6(4):355–385, 1997.
4. Martin Bauer. *Tracking Errors in Augmented Reality*. PhD thesis, Technische Universität München, 2007.
5. Martin Bauer, Bernd Bruegge, Gudrun Klinker, Asa MacWilliams, Thomas Reicher, Stefan Riss, Christian Sandor, and Martin Wagner. Design of a Component-Based Augmented Reality Framework. In *Proceedings of the IEEE, ACM and Eurographics International Symposium on Augmented Reality (ISAR)*, October 2001.
6. R. Bauernschmitt, M. Feuerstein, J. Traub, E.U. Schirmbeck, G. Klinker, and R. Lange. Optimal port placement and enhanced guidance in robotically assisted cardiac surgery. *Surgical Endoscopy*, 21(4):684–687, April 2007.

7. B. Bell, S. Feiner, and T. Höllerer. View management for virtual and augmented reality. In *Proceedings of the 14th ACM symposium on User Interface Software and Technology*, page 110. ACM, 2001.

8. Ulrich Bergmeier. Augmented Reality in Vehicles – Technical Realisation of a Contact Analogue Head-Up Display under Automotive Capable Aspects; Usefulness Exemplified through Night Vision Systems. In *Proceedings of 32nd World Automotive Congress (FISITA)*, 2008.

9. Ulrich Bergmeier. Methode zur kontaktanalogen Visualisierung von Fahrerassistenzsystemen unter automotive-tauglichen Gesichtspunkten. In *Proceedings of the 54. Kongress der Gesellschaft für Arbeitswissenschaften*, pages 125–128, 2008.

10. C. Bichlmeier, F. Wimmer, S.M. Heining, and N. Navab. Contextual Anatomic Mimesis: Hybrid In-Situ Visualization Method for Improving Multi-Sensory Depth Perception in Medical Augmented Reality. In *Proceedings of the 6th IEEE and ACM International Symposium on Mixed and Augmented Reality (ISMAR)*, pages 129–138, November 2007.

11. Christoph Bichlmeier, Sandro Michael Heining, Marco Feuerstein, and Nassir Navab. The Virtual Mirror: A New Interaction Paradigm for Augmented Reality Environments. *IEEE Transactions on Medical Imaging*, 28, 2009.

12. D.A. Bowman, E. Kruijff, J. J. LaViola, and I. Poupyrev. *3D User Interfaces: Theory and Practice*. Addison Wesley, 2004.

13. H. Bubb. Untersuchung über die Anzeige des Bremsweges im Kraftfahrzeug. In *Forschungsbericht aus der Wehrtechnik BMVg, FBWT - 7*, Technische Universtität München, Chair for Ergonomics, 1976.

14. Heiner Bubb. *Schmidtke, H.: Ergonomie*, chapter Systemergonomische Gestaltung, pages 390–419. Carl Hanser-Verlag, München-Wien, 1993. 3. Edition.

15. C. Cruz-Neira, D.J. Sandin, and T.A. DeFanti. Surround-Screen Projection-based Virtual Reality: the Design and Implementation of the CAVE. *Proceedings of the 20th Annual*

Conference on Computer Graphics and Interactive Techniques, pages 135–142, 1993.

16. K. Daniilidis. Hand-Eye Calibration Using Dual Quaternions. *The International Journal of Robotics Research*, 18(3):286, 1999.

17. S. DiVerdi, I. Rakkolainen, T. Höllerer, and A. Olwal. A novel walk-through 3d display. *SPIE Electronic Imaging, Stereoscopic Displays and Applications XVII, San Jose, CA, USA*, 2006.

18. A. Doucet and A.M. Johansen. A tutorial on particle filtering and smoothing: Fifteen years later. *The Oxford Handbook of Nonlinear Filtering, Oxford University Press*, 2009.

19. Florian Echtler, Fabian Sturm, Kay Kindermann, Gudrun Klinker, Joachim Stilla, Joern Trilk, and Hesam Najafi. The Intelligent Welding Gun: Augmented Reality for Experimental Vehicle Construction. In S.K Ong and A.Y.C Nee, editors, *Virtual and Augmented Reality Applications in Manufacturing, Chapter 17*. Springer Verlag, 2003.

20. Garin Hiebert et al. *OpenAL 1.1 Specification and Reference*. Creative Labs Inc., 2005.

21. Steven Feiner, Blair MacIntyre, Marcus Haupt, and Eliot Solomon. Windows on the world: 2D windows for 3D augmented reality. In *Proceedings of the 6th annual ACM symposium on User interface software and technology (UIST)*, pages 145–155, New York, NY, USA, 1993. ACM.

22. J. Fenn. The Microsoft System Software Hype Cycle Strikes Again, 1995. Gartner Group.

23. R.G. Golledge. *Wayfinding behavior: Cognitive mapping and other spatial processes*. Johns Hopkins Univiversity Press, 1999.

24. N.J. Gordon, D.J. Salmond, and A.F.M. Smith. Novel approach to nonlinear/non-Gaussian Bayesian state estimation. In *IEEE Proceedings Radar and Signal Processing*, volume 140, pages 107–113, 1993.

25. Gartner Group. Gartner's 2009 Hype Cycle Special Report Evaluates Maturity of 1,650 Technologies. `http://www.gartner.com/it/page.jsp?id=1124212` [2010, January 19], August 11, 2009.

26. F. Gustafsson, F. Gunnarsson, N. Bergman, U. Forssell, J. Jansson, R. Karlsson, and P.J. Nordlund. Particle filters for positioning, navigation, and tracking. *IEEE Transactions on Signal Processing*, 50(2):425–437, 2002.

27. Berthold K.P. Horn, Hugh M. Hilden, and Shahriar Negahdaripourt. Closed-form solution of absolute orientation using unit quaternions. *Journal of the Optical Society of America*, 4(4):629–642, 1987.

28. Manuel Huber, Daniel Pustka, Peter Keitler, Echtler. Florian, and Gudrun Klinker. A System Architecture for Ubiquitous Tracking Environments. In *Proceedings of the 6th IEEE and ACM International Symposium on Mixed and Augmented Reality (ISMAR)*, November 2007.

29. H. Ishii and B. Ullmer. Tangible bits: towards seamless interfaces between people, bits and atoms. In *Proceedings of the SIGCHI conference on Human factors in computing systems*, page 241. ACM, 1997.

30. ISMAR. International Symposium of Mixed aud Augmented Reality. `http://www.ismar-conf.org/` [18. März 2010], 2010.

31. D. Kalkofen, E. Mendez, and D. Schmalstieg. Interactive focus and context visualization for augmented reality. In *Proceedings of the 6th IEEE and ACM International Symposium on Mixed and Augmented Reality (ISMAR)*, pages 191–200, 2007.

32. R.E. Kalman. A new approach to linear filtering and prediction problems. *Journal of basic Engineering*, 82(1):35–45, 1960.

33. P. Keitler, M. Schlegel, and G. Klinker. Indirect Tracking to Reduce Occlusion Problems. In *Advances in Visual Computing, Fourth International Symposium (ISVC)*, volume 5359(2) of *Lecture Notes in Computer Science*, pages 224–235, Berlin, 2008. Springer.

34. S. Kim, S. Hasegawa, Y. Koike, and M. Sato. Tension based 7-dof force feedback device: Spidar-G. In *Proceedings of the IEEE Conference on Virtual Reality*, pages 283–284, 2002.

35. Georg Klein and David Murray. Parallel Tracking and Mapping for Small AR Workspaces. In *Proceedings of the 6th IE-*

EE and ACM International Symposium on Mixed and Augmented Reality (ISMAR), Nara, Japan, November 2007.

36. Georg Klein and David Murray. Parallel Tracking and Mapping on a Camera Phone. In *Proceedings of the 8th IEEE and ACM International Symposium on Mixed and Augmented Reality (ISMAR)*, Orlando, October 2009.

37. G. Legnani. Hand to Sensor Calibration: A Geometrical Interpretation of the Matrix Equation AX = XB. *Journal of Robotic Systems*, 22(9):497–506, 2005.

38. K. Lynch. *The Image of the City*. MIT press, 1973.

39. A. MacWilliams. *A decentralized adaptive architecture for ubiquitous augmented reality systems*. Dissertation, Technische Universität München, 2005.

40. M. McCauley and T. Sharkey. Cybersickness – Perception of self-motion in virtual environments. *Presence: Teleoperators and Virtual Environments*, 1(3):311–318, 1992.

41. P. Milgram and F. Kishino. A Taxonomy of Mixed Reality Visual Displays. *IEICE Transactions on Information Systems*, E77-D(12), December 1994.

42. P. Mistry and P. Maes. SixthSense: a wearable gestural interface. In *ACM SIGGRAPH ASIA 2009*, page 85. ACM, 2009.

43. T. Miyashita, P. Meier, T. Tachikawa, S. Orlic, T. Eble, V. Scholz, A. Gapel, O. Gerl, S. Arnaudov, and S. Lieberknecht. An Augmented Reality Museum Guide. In *Proceedings of the 7th IEEE and ACM International Symposium on Mixed and Augmented Reality (ISMAR)*, pages 103–106. IEEE Computer Society, 2008.

44. F. Nakaizumi, Y. Yanagida, H. Noma, and K. Hosaka. SpotScents: A novel method of natural scent delivery using multiple scent projectors. In *Proceedings of the IEEE conference on Virtual Reality*, pages 207–212. IEEE Computer Society, 2006.

45. N. Navab, J. Traub, T. Sielhorst, M. Feuerstein, and C. Bichlmeier. Action- and Workflow-Driven Augmented Reality for Computer-Aided Medical Procedures. *IEEE Computer Graphics and Applications*, 27(5):10–14, September/October 2007.

46. J. Newman, A. Bornik, D. Pustka, F. Echtler, M. Huber, D. Schmalstieg, and G. Klinker. Tracking for distributed mixed reality environments. In *Proceedings of the IEEE VR 2007 Workshop on Trends and Issues in Tracking for Virtual Environments, IEEE. Charlotte, NC, USA: Shaker Verlag, Aachen, Germany*, 2007.

47. K. Nishiwaki, K. Kobayashi, S. Uchiyama, H. Yamamoto, and S. Kagami. Mixed reality environment for autonomous robot development. In *IEEE International Conference on Robotics and Automation, 2008. ICRA 2008*, pages 2211–2212, 2008.

48. J. Paradiso, C.K. Leo, N. Checka, and K. Hsiao. Passive acoustic sensing for tracking knocks atop large interactive displays. In *Proceedings of the IEEE International Conference on Sensors*, volume 1, pages 521–527. Citeseer, 2002.

49. Jeff M. Phillips. Survey of Absolute Orientation Techniques, 2004.

50. H. Raffle, M.W. Joachim, and J. Tichenor. Super Cilia Skin: an Interactive Membrane. In *Conference on Human Factors in Computing Systems (CHI)*, pages 808–809. ACM New York, NY, USA, 2003.

51. Warren Robinett and Richard Holloway. The Visual Display Transformation for Virtual Reality. Technical Report TR94-031, University of North Carolina at Chapel Hill, Department of Computer Science, Chapel Hill, NC, USA:, 10 1994.

52. S. Rusdorf and G. Brunnett. Kontextabhängige Steuerung in immersiven VR-Umgebungen ohne Verwendung handblockierender Eingabe-Hardware. In *Tagungsband des 1. GI Workshop der Fachgruppe Virtuelle und Erweiterte Realität*, pages 69–77. GI Fachgruppe Virtuelle und Erweiterte Realität, Shaker Verlag, 2004.

53. Christian Sandor, Shinji Uchiyama, and Hiroyuki Yamamoto. Visuo-Haptic Systems: Half-Mirrors Considered Harmful. In *Proceedings of the Second Joint EuroHaptics Conference and Symposium on Haptic Interfaces for Virtual En-*

vironment and Teleoperator Systems, pages 292–297, Washington, DC, USA, 2007. IEEE Computer Society.

54. B. Schwerdtfeger. *Pick-by-Vision: Bringing HMD-based Augmented Reality into the Warehouse.* Dissertation, Technische Universität München, 2010.

55. Dave Shreiner, Mason Woo, Jackie Neider, and Tom Davis. *OpenGL Programming Guide: The Red Book.* USA, Silicon Graphics, 6 edition, 2007. Version 2.1.

56. Tobias Sielhorst, Marco Feuerstein, and Nassir Navab. Advanced Medical Displays: A Literature Review of Augmented Reality. *IEEE/OSA Journal of Display Technology; Special Issue on Medical Displays*, 4(4):451–467, December 2008.

57. Ivan E. Sutherland. The Ultimate Display. In *Proceedings of the Congress of the International Federation for Information Processing (IFIP)*, volume 2, pages 506–508, 1965.

58. B. Thomas, B. Close, J. Donoghue, J. Squires, P. De Bondi, M. Morris, and W. Piekarski. ARQuake: An outdoor/indoor augmented reality first person application. In *Proceedings of the 4th International Symposium on Wearable Computers*, pages 139–146, 2000.

59. Marcus Tönnis. *Towards Automotive Augmented Reality.* Dissertation, Technische Universität München, November 2008.

60. Marcus Tönnis, Leslie Klein, and Gudrun Klinker. Perception Thresholds for Augmented Reality Navigation Schemes in Large Distances. In *Proceedings of the 7th International Symposium on Mixed and Augmented Reality (ISMAR)*, September 2008.

61. Marcus Tönnis, Christian Lange, and Gudrun Klinker. Visual Longitudinal and Lateral Driving Assistance in the Head-Up Display of Cars. In *Proceedings of the 6th International Symposium on Mixed and Augmented Reality (ISMAR)*. IEEE Computer Society, November 2007.

62. Marcus Tönnis, Rudi Lindl, Leonhard Walchshäusl, and Gudrun Klinker. Visualization of Spatial Sensor Data in the Context of Automotive Environment Perception Systems.

188 Literaturverzeichnis

In *Proceedings of the 6th International Symposium on Mixed and Augmented Reality (ISMAR)*, November 2007.

63. Roger Y. Tsai and Reimar K. Lenz. A New Technique for Fully Autonomous and Efficient 3D Robotics Hand/Eye Calibration. *IEEE Journal of Robotics and Automation*, 5(3):345–358, June 1989.

64. R.Y. Tsai. An efficient and accurate camera calibration technique for 3D machine vision. In *Proceedings of IEEE Conference on Computer Vision and Pattern Recognition*, volume 1, pages 364–374. Miami: IEEE, 1986.

65. M. Tuceryan, Y. Genc, and N. Navab. Single-Point Active Alignment Method (SPAAM) for optical see-through HMD Calibration for Rugmented Reality. *Presence: Teleoperators & Virtual Environments*, 11(3):259–276, 2002.

66. D. Wagner, D. Schmalstieg, and H. Bischof. Multiple Target Detection and Tracking with Guaranteed Framerates on Mobile Phones. In *Proceedings of the 8th IEEE and ACM International Symposium on Mixed and Augmented Reality (ISMAR)*, 2009.

67. Martin Wagner. *Tracking With Multiple Sensors*. PhD thesis, Technische Universität München, 2005.

68. M. Weiser. The computer for the 21st century. *Scientific American*, 272(3):78–89, 1995.

69. Mark Weiser. Ubiquitous Computing. `http://www.ubiq.com/hypertext/weiser/UbiHome.html` [18. März 2010], March 17, 1996.

70. G. Welch and G. Bishop. An introduction to the Kalman filter, 1995.

71. Thomas Wendler, Joerg Traub, Sibylle Ziegler, and Nassir Navab. Navigated three dimensional beta probe for optimal cancer resection. In Rasmus Larsen, Mads Nielsen, and Jon Sporring, editors, *Proceedings of MICCAI 2006*, volume 4190 of *LNCS*, pages 561–569. MICCAI Society, Springer, 2006.

72. S. White, S. Feiner, and J. Kopylec. Virtual vouchers: Prototyping a mobile augmented reality user interface for botanical species identification. In *Proceedings of the 1st IEEE*

Symposium on 3D User Interfaces (3DUI), pages 119–126. Citeseer, 2006.

73. S. White, L. Lister, and S. Feiner. Visual hints for tangible gestures in augmented reality. In *Proceedings of the 6th IEEE and ACM International Symposium on Mixed and Augmented Reality (ISMAR)*, pages 1–4. IEEE Computer Society, 2007.

74. Wickens, C.D. Situation awareness: Impact of automation and display technology. In *AGARD Conference Proceedings 575: Situation Awareness: Limitations and Enhancement in the Aviation Environment*, oct 1996.

75. Felix Wimmer, Christoph Bichlmeier, Sandro Michael Heining, and Nassir Navab. Creating a Vision Channel for Observing Deep-Seated Anatomy in Medical Augmented Reality. In *Proceedings of Bildverarbeitung fuer die Medizin (BVM 2008)*, Munich, Germany, April 2008. BVM.

76. J. Wither, C. Coffin, J. Ventura, and T. Höllerer. Fast annotation and modeling with a single-point laser range finder. In *Proceedings of the 7th IEEE and ACM International Symposium on Mixed and Augmented Reality (ISMAR)*, pages 65–68. IEEE Computer Society, 2008.

77. HP Wyss, R. Blach, and M. Bues. iSith-Intersection-based Spatial Interaction for Two Hands. In *Proceedings of the IEEE Symposium on 3D User Interfaces*, pages 59–61, 2006.

78. T. Yamada, S. Yokoyama, T. Tanikawa, K. Hirota, and M. Hirose. Wearable olfactory display: Using odor in outdoor environment. In *Proceedings of the IEEE conference on Virtual Reality*, pages 199–206. IEEE Computer Society, 2006.

Sachverzeichnis